OFF-ROADBOOK – SÜDKARPATEN (RO)
STEFAN MEUWLY

Nici o problemă! 12 Schottertouren in Transsilvanien.

ISBN 3-936408-08-4
Preis: 15,80 €
Herstellung: Books on Demand GmbH, Norderstedt

© eBuch-Verlag
Postfach 1365
D-83293 Traunreut

Inhalt

Vorwort

Off-Roadbook - Südkarpaten

Transsilvanien scheint ein weißer Fleck in den Landkarten deutscher, österreichischer und schweizerischer Offroad Freunde zu sein. Wie sonst ist es möglich, dort wochenlang durch die Gegend zu schaukeln ohne je ein entsprechendes Kennzeichen zu sehen? Aber das wird sich ja nun bald ändern.

Zu den ausgewählten Touren ist zu sagen, dass diese mit jedem serienmäßigen Geländefahrzeug, nebst Urlaubsgepäck zu bewältigen sind. Es handelt sich nicht um Strecken eines Wettbewerb Parcours, sondern um alte Wirtschaftswege inmitten grandioser Natur. Planen Sie Ihre Befahrungen dennoch mit Bedacht, denn schnell kann ein Wettersturz in den Bergen den Rückweg mit einer Mure versperren und fremde Hilfe ist dann weit.

Besorgen Sie sich aktuelles Kartenmaterial, auf älteren Ausgaben fehlen einfach zu viele, sogar größerer Verbindungsstrassen. Eine gute Übersicht bietet die Shell Eurokarte Rumänien, Rep. Moldawien 1:800.000, hervorragend detailliert ist der Autoatlas von Dimap Romania im Maßstab 1:250.000.

Was die Verständigung mit der Bevölkerung betrifft, sind von den deutschsprachigen Siebenbürgern nicht mehr viele im Land. In jedem Dorf aber gibt es jemanden der deutsch spricht, viele die ihn kennen und Sie hin begleiten. Die Leute sind sehr freundlich und helfen bei allen Problemen gerne. Es scheint eine willkommene Abwechslung in ihrem Alltag zu sein.

Ein besonderer Dank zur Herstellung dieser weiteren Ausgabe aus der Off-Roadbook Serie gebührt Luminita-Gratiela Muresan aus Transsilvanien und ihrer Familie dort. Mit ihrer Hilfe wurden die Streckenauswahl erarbeitet und benötigte Daten zusammengetragen.

Wenn Ihnen dieser Offroad Reiseführer gefällt, dann empfehlen sie ihn doch bitte weiter. Der zeitliche und finanzielle Aufwand zur Herstellung ist beachtlich und weitere Ausgaben kann es nur bei entsprechender Nachfrage geben.

Stefan Meuwly

°ooOoo°

Land und Leute

In den Jahren 105 bis 106 nach Christus eroberte Kaiser Traian das uralte Land Dazien, dessen König Decebal es vorzog, von eigener Hand zu sterben, um dem Schicksal der Gefangenen zu entgehen.

Dacia Felix – so genannt für den Goldreichtum des Landes – wurde römische Provinz, und aus dem Zusammenleben der Dazier mit den Römern entstand das rumänische Volk. Rumänien ist somit eine lateinische Insel in einem größtenteils slawischen Raum.

Seine Staatsform war bis 1947 die Monarchie, danach verwandelte das kommunistische Regime das Land in eine Republik. Der Nationalfeiertag wird am 1. Dezember gefeiert; an diesem Tag wurde im Jahre 1918 die Vereinigung aller historischen rumänischen Provinzen verwirklicht, wodurch der Nationalstaat Großrumänien geschaffen wurde. Nach der Revolution im Dezember 1989 trat das Land den Weg der heutigen Demokratie an.

Rumänien liegt im Südosten Europas, vom Äquator und dem Nordpol gleich weit entfernt auf 43-48 Grad nördlicher Breite und 20-29 Grad östlicher Länge. Von der Oberfläche von 238.391 qkm, nehmen die Karpaten ein Drittel ein. Im Süden bildet die Donau auf einer Länge von 1075 km eine natürliche Grenze.

Von den 23 Millionen Bewohnern leben etwa 3 Millionen in der Hauptstadt Bukarest. Das Klima ist mäßig kontinental. Im Sommer schwankt die durchschnittliche Temperatur zwischen 22 und 24 Grad Celsius und kann bis 38 Grad Celsius steigen.

Währung und Preise

Die Nationalwährung ist der Leu, Plural Lei. Es gibt 2.000, 5.000, 10.000, 50.000, 100.000 und 500.000 Lei Banknoten und 100, 500 und 1.000 Lei Münzen.

Tauschen Sie nicht gleich bei der ersten Wechselstube an der Grenze, zwei Orte weiter wird der Kurs deutlich besser. Vom Tausch auf dem Schwarzmarkt wird abgeraten, die fliegenden Geldwechsler sollen gut getarnte Betrugsmethoden zur Anwendung bringen.

Im Juni 2004 lag der Kurs für einen Euro bei 40.000 Lei.

Tabelle zur Schnellübersicht beim Einkauf.

Euro	Lei	Lei	Euro
1,00 €	40.000 lei	10.000 lei	0,25 €
5,00 €	200.000 lei	50.000 lei	1,25 €
10,00 €	400.000 lei	100.000 lei	2,50 €
20,00 €	800.000 lei	200.000 lei	5,00 €
30,00 €	1.200.000 lei	300.000 lei	7,50 €
40,00 €	1.600.000 lei	400.000 lei	10,00 €
50,00 €	2.000.000 lei	500.000 lei	12,50 €
60,00 €	2.400.000 lei	750.000 lei	18,75 €
70,00 €	2.800.000 lei	1.000.000 lei	25,00 €
80,00 €	3.200.000 lei	2.000.000 lei	50,00 €
90,00 €	3.600.000 lei	3.000.000 lei	75,00 €
100,00 €	4.000.000 lei	4.000.000 lei	100,00 €

Stand 2004

Beachten Sie bitte auch bei Trinkgeldern und der Entlohnung von Hilfeleistungen, z.B. Abschleppen und Bergen Ihres Fahrzeugs im Gelände, die aktuelle Einkommensstruktur im Gastland.

Tätigkeit	Einheit	von	bis
Hilfsarbeiter	Stunde	0,39 €	0,77 €
Hilfsarbeiter	Woche	15,75 €	30,63 €
Hilfsarbeiter	Monat	63,00 €	122,50 €
Facharbeiter	Monat	65,63 €	262,50 €
Angestellter	Monat	87,50 €	210,00 €
Ingenieur	Monat	218,75 €	875,00 €
Geschäftsführer	Monat	437,50 €	1.750,00 €

Stand 2004

Als Gastgeschenk oder Lohn eignen sich gut Kaffeepäckchen, sie sind leicht zu transportieren und in jeder Familie willkommen. Für gebrauchte Kleidung gibt es bei der Landbevölkerung sicher auch Verwendung, bedenken Sie aber, dass die Jugend dort die gleichen angesagten Marken tragen will wie bei uns. Satellitenfernsehen und Werbung kennt keine Grenzen.

°ooOoo°

Straßen, Kategorien und Befahrung

E   **autostrada – Autobahn**
Der Plural war hier noch nicht angebracht.

DN   **drumuri nationale – nationale Fernstrassen**
Asphaltierte Strassen von unterschiedlicher Qualität, verzeichnet in den meisten Autokarten.

DJ   **drumuri judetene – regionale Fernstrassen**
Gute Strassen, häufig nicht asphaltiert, fehlen manchmal in den Karten.

DL   **drumuri locale – lokale Verbindungsstrassen**
Pflasterstrassen, manche in schlechtem Zustand und nur in guten Karten zu finden.

DF   **drumuri forestiere – Forstwege**
Ein riesiges Wegenetz. Der Zustand ist abhängig von Wetter und der aktuellen Nutzung.

DP   **drumuri pastorale – Schäferwege**
Malerisch aber von schwacher Qualität. Meist nur den Einheimischen bekannt.

Auch wenn an Forstwegen selten das internationale Sperrzeichen zu sehen ist, stehen doch meist wortreiche Beschränkungstafeln am Beginn. In der Provinz *Valcea* bin ich auf ein Schild gestoßen auf dem bereits die Taxe an die Forstkasse für die Benutzung ausgelobt wurde. Pro Tag 30.000 lei = 0,75 Euro. Ich denke auf dieser Verhandlungsbasis steht der spontanen Befahrung nicht viel im Wege.

Rumänische Distrikte

Die zweistelligen Kürzel sind praktisch zur Zuordnung der einheimischen Fahrzeugkennzeichen oder wenn Sie im Ortregister des Autoatlas mehrere gleiche Ortsamen finden.

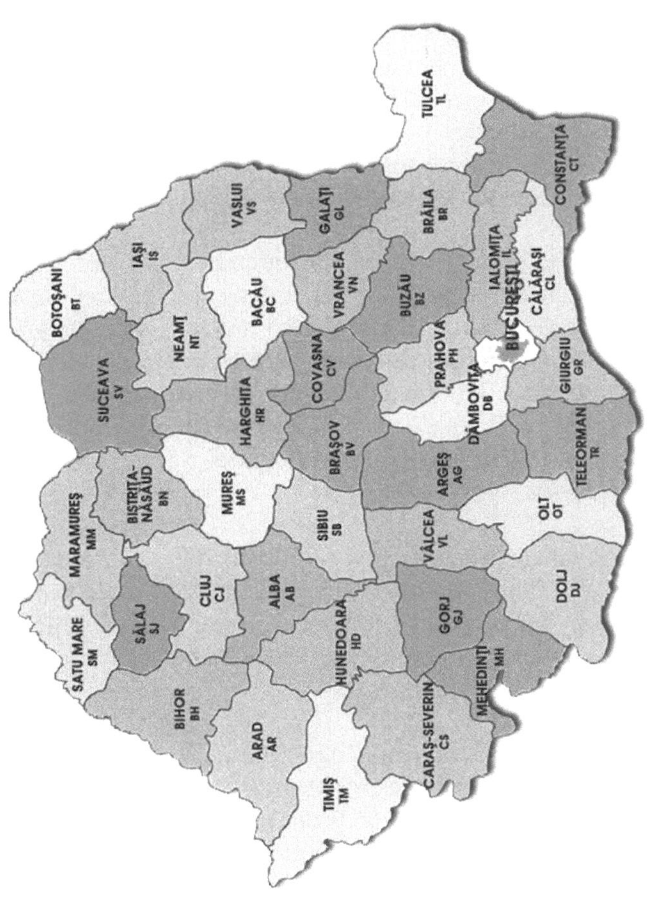

Sebes – Lac Oasa Mica

Die erste (Tor)Tour führt uns von *Sebes* (Mühlbach) auf der Schlagloch Slalomstrecke der Strasse Nr. (67c) zum Stausee *Lac Oasa Mica*, dem Ausgangspunkt einiger Routen. Das Bergmassiv im Westen ist das *Muntii Surean*, auf der anderen Seite liegt das Gebirge *Muntii Cindrel*.

Sebes (Mühlbach) liegt an der Strasse Nr. (7) und ist vom ungarischen *Szeged* 325 Kilometer entfernt. Tanken Sie hier noch mal alles voll. Die Abzweigung auf die (67c) Richtung *Sugag* liegt in der Ortsmitte und am Ortsendeschild von *Sebes* stellen wir den Tageszähler auf null.

Die Strecke quält sich auf Asphaltresten mit tiefen Löchern durch ein schattiges Tal entlang des Flusses *Sebes* in die Karpaten hinein. Je nachdem wie weit die Tageszeit oder das Fahrpensum des Tages schon fortgeschritten ist, würde sich bei Kilometer 20, am kleinen Stausee, dem *Lac Opreja de Capalna* eine Lagermöglichkeit anbieten. Die besten Plätze liegen am Anfang des Sees, im Bereich des Zuflusses.

Bis zum eigentlichen Ziel gibt es noch weitere 47 Kilometer Slalom. Bei Kilometer 44 liegt die letzte Einkaufsmöglichkeit an der Strecke, es ist aber ein sehr abenteuerlicher Laden mit wenig Auswahl. Besser Sie haben sich schon in *Sebes* oder *Sugag* eingedeckt.

Bei Kilometer 61 ist dann der Stausee *Lac Oasa Mica* erreicht. Links kommt nach einem Kilometer die *Cabana Oasa* und bei Kilometer 66,9 ein schöner Lagerplatz am See. Die *Cabana* war Mitte Juni zwar geöffnet, aber es gab nur Getränke, die Küche war nicht besetzt.

Foto: Lac Oasa Mica am Wegpunkt 10

Sollte der Platz am See in der Ferienzeit schon stark belegt sein, gibt es auch auf der anderen Seeseite gute Plätze. Fahren Sie dazu einfach bis zum Staudamm zurück und dann links weiter. Es ist nur ein kurzes Stück und Sie erreichen ein kleines Plateau mit weiten, ebenen Flächen und schöner Aussicht.

Die Konturstrecke am westlichen Seeufer ist Ihrer eigenen Erkundung vorbehalten. Dazu habe ich kein Roadbook aufgezeichnet. Eine Umrundung ist nicht möglich, der Weg führt ab dem südlichen Ausläufer des Sees weiter in die Berge.

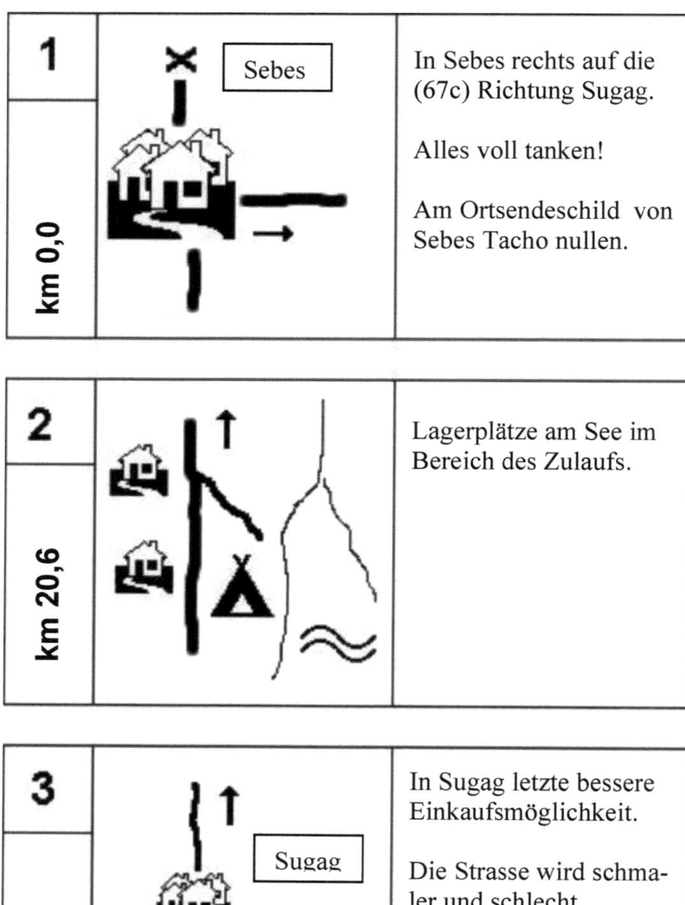

1 km 0,0		In Sebes rechts auf die (67c) Richtung Sugag. Alles voll tanken! Am Ortsendeschild von Sebes Tacho nullen.
2 km 20,6		Lagerplätze am See im Bereich des Zulaufs.
3 km 24,1		In Sugag letzte bessere Einkaufsmöglichkeit. Die Strasse wird schmaler und schlecht.

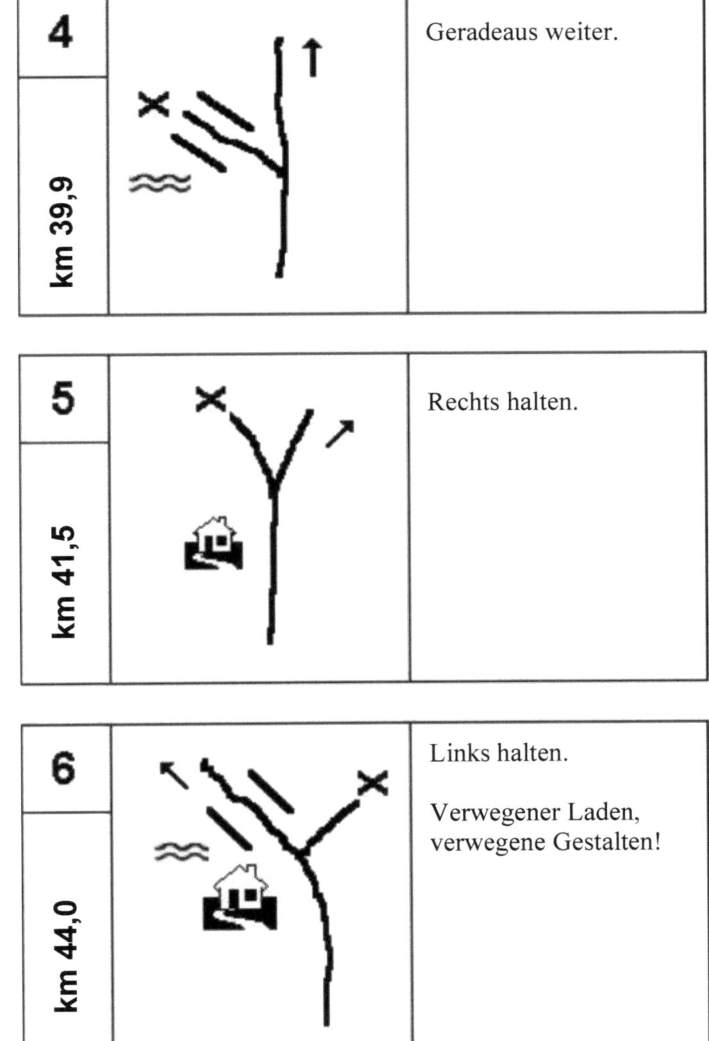

4 **km 39,9**		Geradeaus weiter.
5 **km 41,5**		Rechts halten.
6 **km 44,0**		Links halten. Verwegener Laden, verwegene Gestalten!

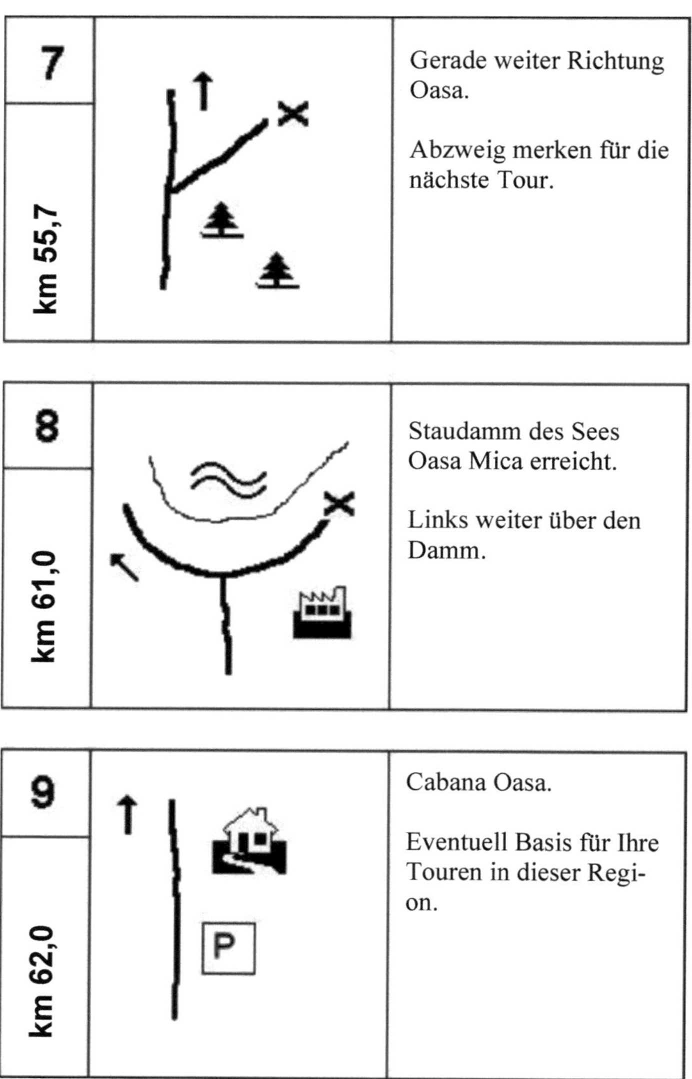

7 km 55,7		Gerade weiter Richtung Oasa. Abzweig merken für die nächste Tour.
8 km 61,0		Staudamm des Sees Oasa Mica erreicht. Links weiter über den Damm.
9 km 62,0		Cabana Oasa. Eventuell Basis für Ihre Touren in dieser Region.

10		Schöne Lager- und Feuerplätze am See.
km 66,9		

Skizzen und Notizen

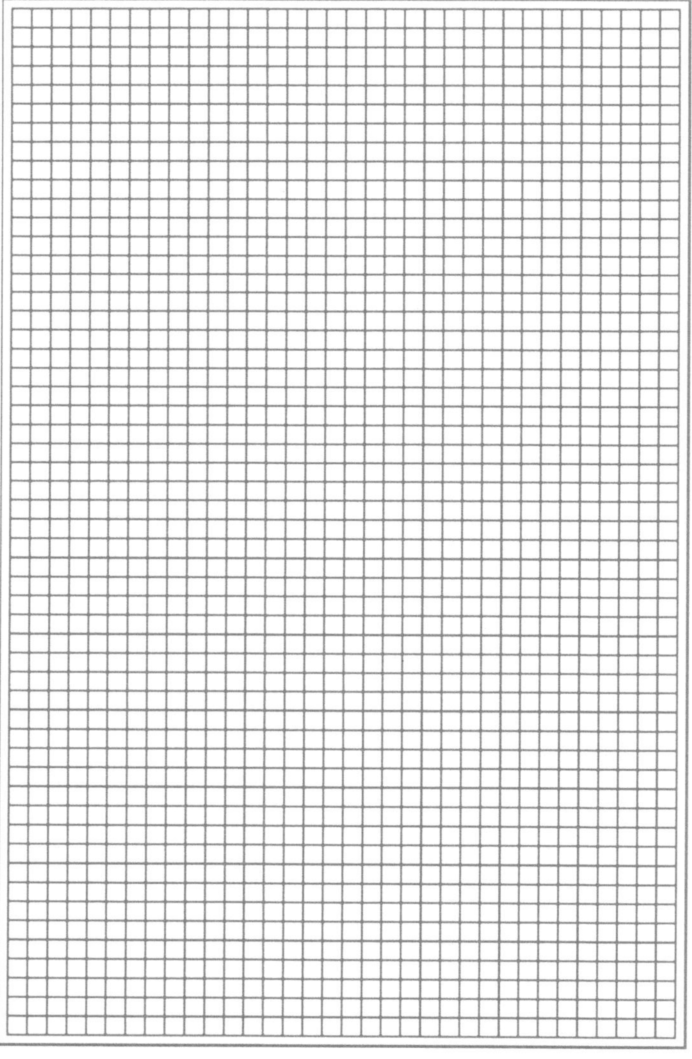

Pasul Prisaca – Lac Canciu

Die Tour ins Gebirge, *Muntii Surean*, über den *Pasul Prisaca* zum *Lac Canciu* und weiter bis *Tau Bistra* an der (67c) beginnt am Ende des *Lac Oasa Mica*.

Wir nullen den Tacho am Ende des Staudamms unterhalb des E-Werks und fahren nach rechts Richtung *Sebes*. Beim Picknickplatz bei Kilometer 5,4 beginnt dann links der Forstweg *Valea Prigoanei* der zum Pass führt.

Die Strecke kann nach starken Regenfällen wegen längerer Schlammpassagen sehr anspruchsvoll bis unfahrbar werden. Wem die Übung auf der Passhöhe *Pasul Prisaca* (1500 m) bei Kilometer 15,7 schon reicht, der kann hier wenden und auf gleichem Weg zurück fahren.

Was auf der Karte einen kristallklaren Bergsee vermuten lässt entpuppt sich in der Realität dann als üble Brühe neben einem alten Kieswerk. Eine Badepause im *Lac Canciu* fällt also aus. Entschädigt werden die Fahrer für ihr Durchhalten aber in der *Cabana Curmaturi*.

Man hat mir dort, außerhalb der Essenszeit, schnell und deftig aufgekocht. Tomatensuppe mit Fleischeinlage, frischer Salat, reichlich Brot, gegrilltes Fleisch, Bratkartoffel und Bier. Alles zusammen für vier Euro.

Die letzten hundert Meter bis zur *Cabana* können auch etwas mulmig sein, wer dieser Herausforderung widerstehen kann nimmt gleich den schmalen Privatweg der *Cabana* links davon.

Foto: Cabana Curmaturi

Die Abfahrt trifft bei *Tau Bistra,* beim Laden für die Holzfäller, wieder auf die (67c) womit die Tour endet. Rückfahrt zum *Lac Oasa Mica* nach rechts, wie gehabt.

°ooOoo°

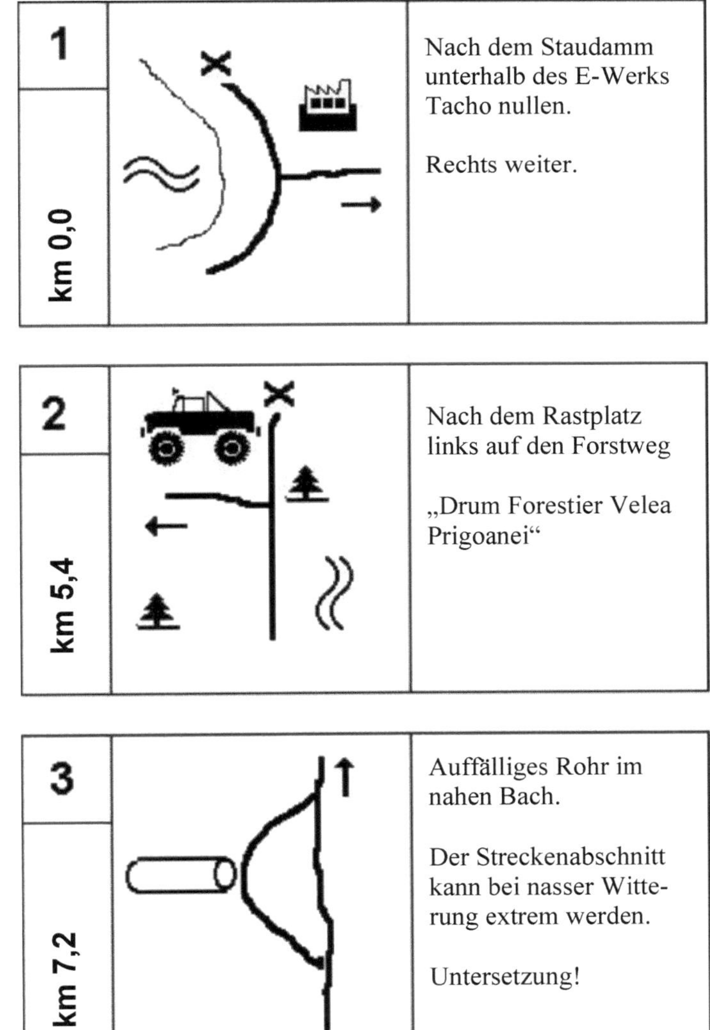

1 — km 0,0

Nach dem Staudamm unterhalb des E-Werks Tacho nullen.

Rechts weiter.

2 — km 5,4

Nach dem Rastplatz links auf den Forstweg

„Drum Forestier Velea Prigoanei"

3 — km 7,2

Auffälliges Rohr im nahen Bach.

Der Streckenabschnitt kann bei nasser Witterung extrem werden.

Untersetzung!

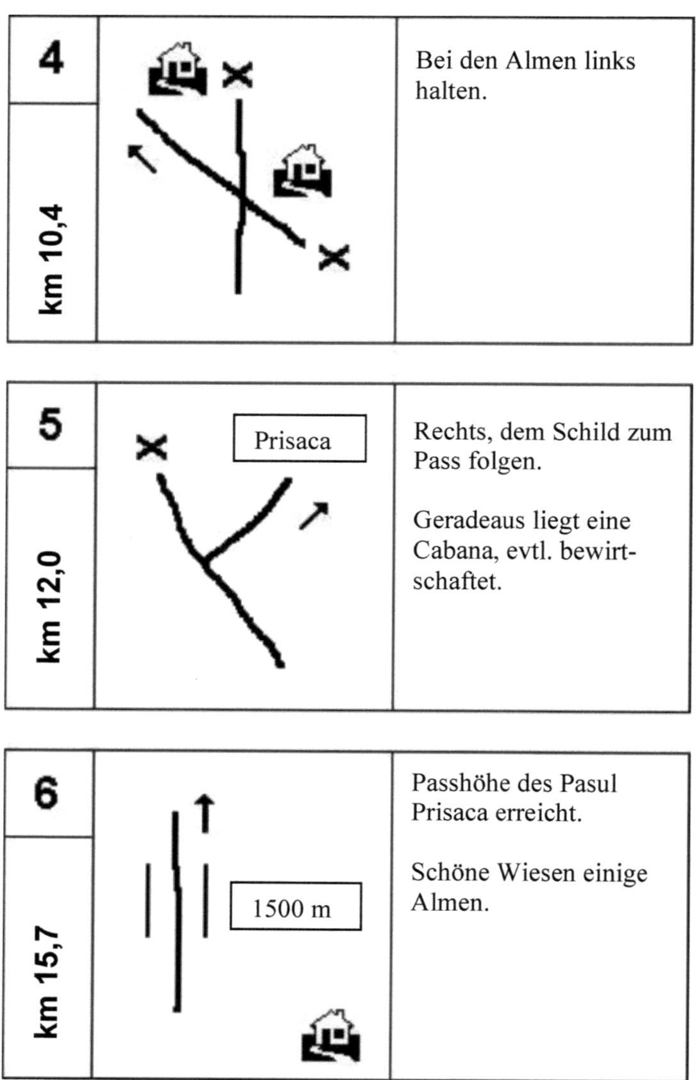

4 km 10,4		Bei den Almen links halten.
5 km 12,0		Rechts, dem Schild zum Pass folgen. Geradeaus liegt eine Cabana, evtl. bewirtschaftet.
6 km 15,7		Passhöhe des Pasul Prisaca erreicht. Schöne Wiesen einige Almen.

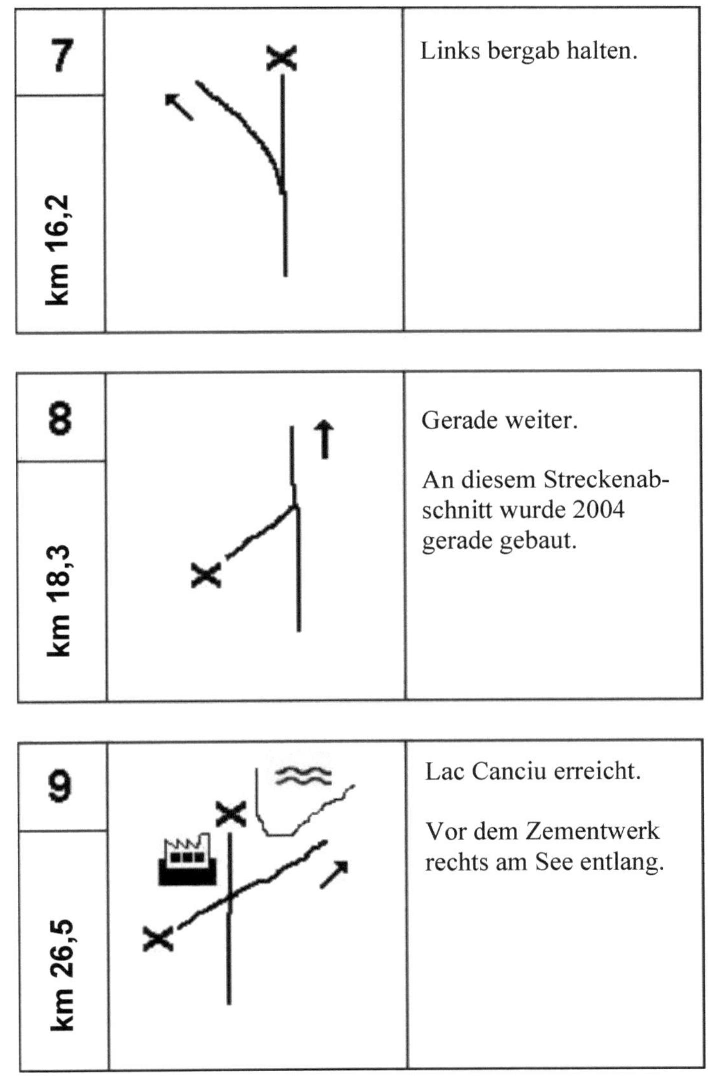

7 km 16,2		Links bergab halten.
8 km 18,3		Gerade weiter. An diesem Streckenab-schnitt wurde 2004 gerade gebaut.
9 km 26,5		Lac Canciu erreicht. Vor dem Zementwerk rechts am See entlang.

10 km 27,2	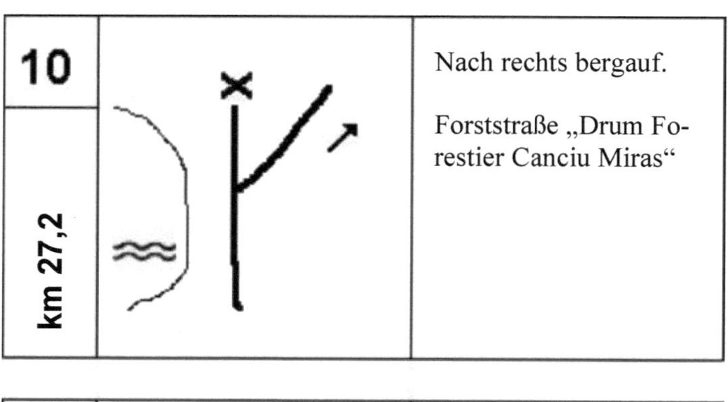	Nach rechts bergauf. Forststraße „Drum Fo-restier Canciu Miras"
11 km 32,5	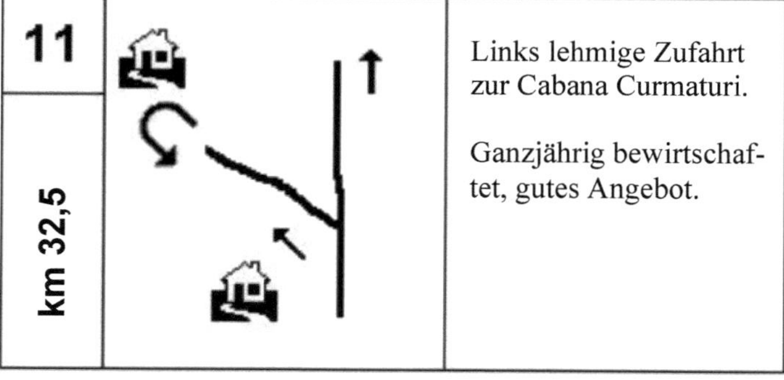	Links lehmige Zufahrt zur Cabana Curmaturi. Ganzjährig bewirtschaf-tet, gutes Angebot.
12 km 40,0	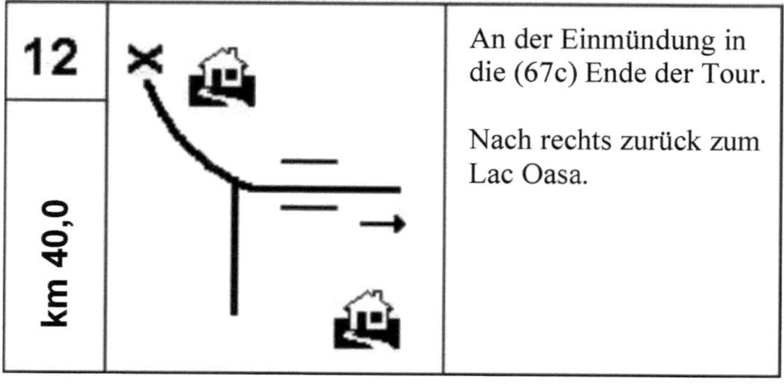	An der Einmündung in die (67c) Ende der Tour. Nach rechts zurück zum Lac Oasa.

Skizzen und Notizen

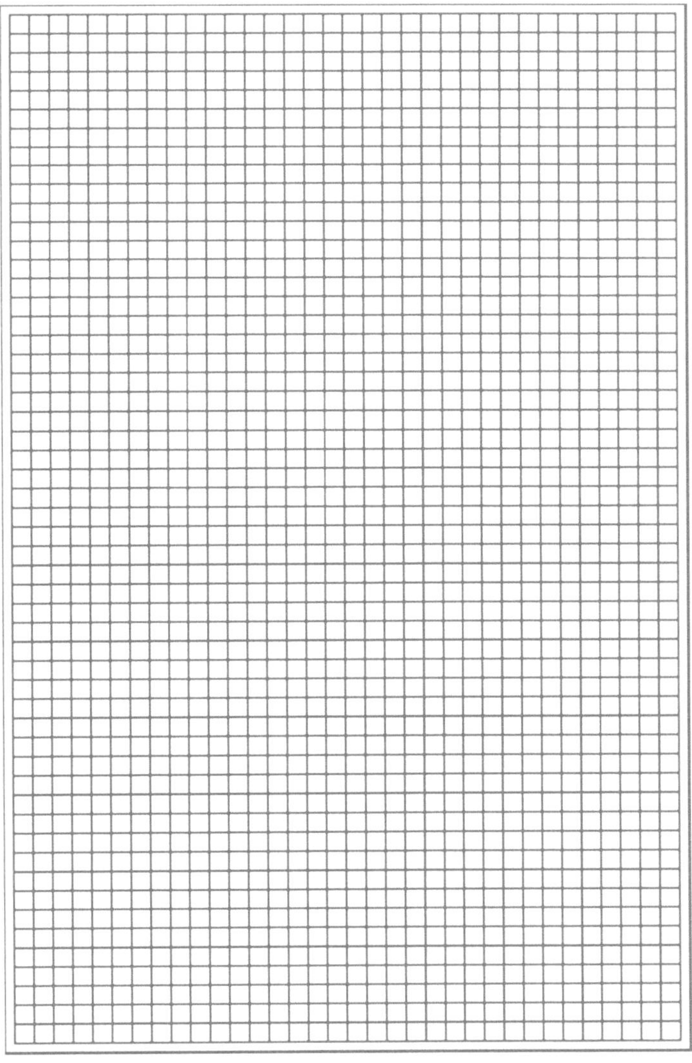

Pasul Tartarau – Obarsia Lotrului

Dieses Teilstück der Bergstrasse (67c) ist etwas lieblicher als der erste Teil. Die Strecke bietet viele schöne Rastplätze unter alten Fichtenbeständen, wegen einer etwas schwachen Brücke ist hier nur eingeschränkt mit Langholztransporten zu rechnen.

Startpunkt der Streckenzählung ist die *Cabana Oasa*, drücken Sie dort Ihren Tageszähler auf null.

Einige Passagen der Strecke mit lockerem Grund sehen zwar spektakulär aus, sind aber leicht zu umfahren. Am *Pasul Tatarau* (1678 m) überfahren wir die Provinzgrenze von *Alba* nach *Valcea* und kommen ins Gebirge *Muntii Lotrului*.

In *Obarsia Lotrului* gibt es einen Campingplatz auf dem auch viele stationäre Holzhütten stehen. Das Restaurant war noch geschlossen, aber in der Meteorologischen Station kann man nach dem voraussichtlichen Bergwetter fragen.

Wer nicht auf eine dieser Hütten angewiesen ist schlägt sein Lager besser irgendwo am Ufer des Baches *Lotru* Richtung *Urdele* Pass auf.

Die besten Plätze finden sich von Kilometer 2 bis 5 ab der Einmündung (67c) in die (7a).

Siehe auch Tour *Obarsia Lotrului – Pasul Urdele* und das Foto auf der nächsten Seite.

Fröhliche freie Hunde im ganzen Land.

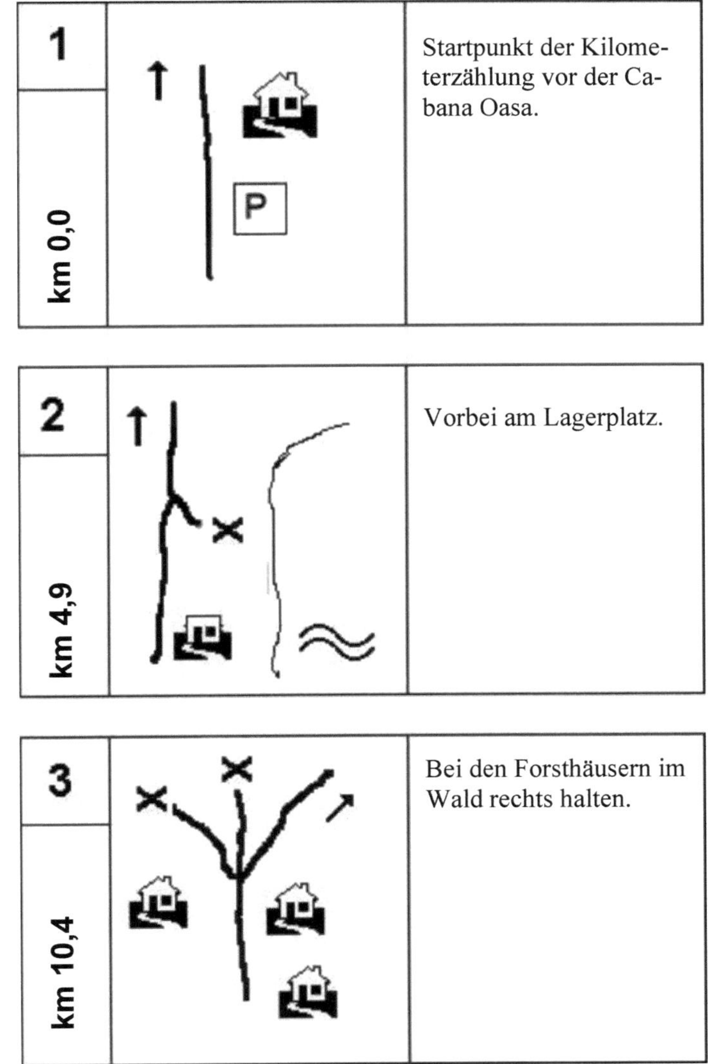

1 km 0,0		Startpunkt der Kilometerzählung vor der Cabana Oasa.
2 km 4,9		Vorbei am Lagerplatz.
3 km 10,4		Bei den Forsthäusern im Wald rechts halten.

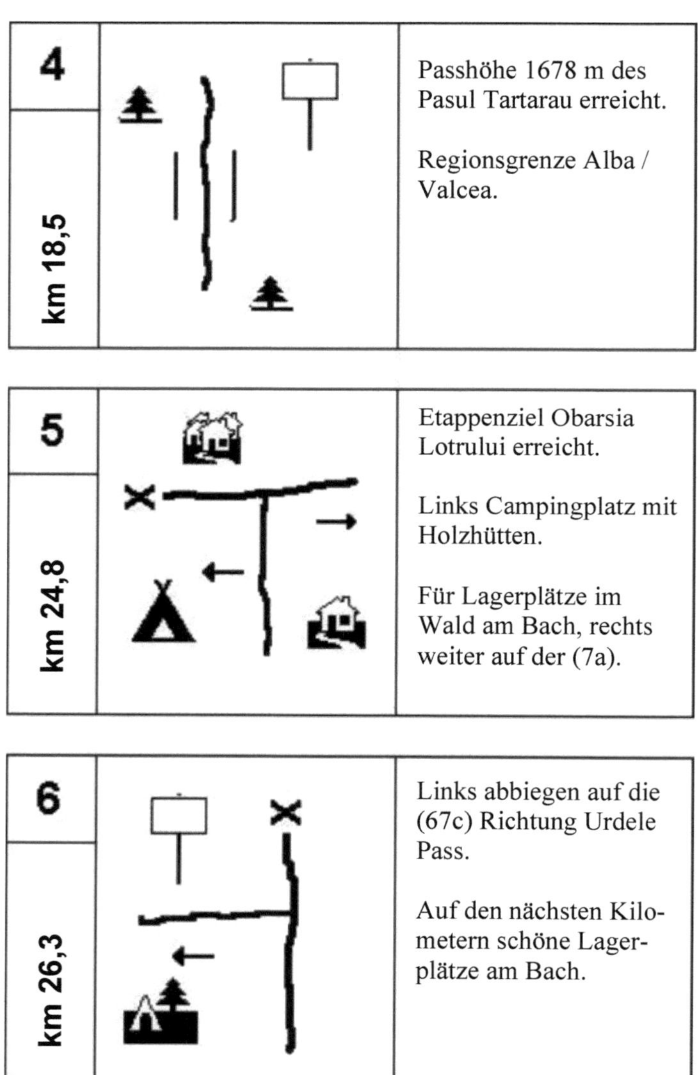

4 km 18,5		Passhöhe 1678 m des Pasul Tartarau erreicht. Regionsgrenze Alba / Valcea.
5 km 24,8		Etappenziel Obarsia Lotrului erreicht. Links Campingplatz mit Holzhütten. Für Lagerplätze im Wald am Bach, rechts weiter auf der (7a).
6 km 26,3		Links abbiegen auf die (67c) Richtung Urdele Pass. Auf den nächsten Kilometern schöne Lagerplätze am Bach.

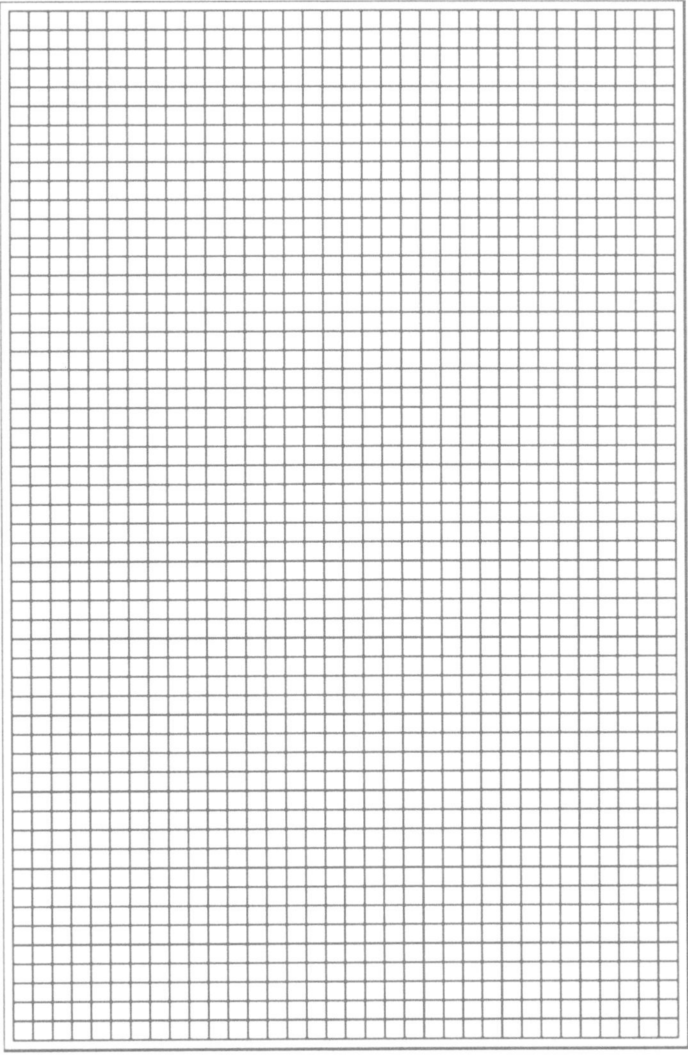

Obarsia Lotrului – Pasul Urdele

Alle die von den bisherigen rumänischen Routen noch nicht so ganz begeistert waren sollten sich nun gleich auf den Weg zum *Urdele* Pass machen, er gehört zu den Klassikern der Karpatenübergänge.

Fotos: Pasul Urdele

Endlich geht es über die Baumgrenze raus und unter die Räder kommt Schotter und Naturstein. Am Wegpunkt 2 hängt noch schief ein rostiges Schild das die öffentliche Befahrung der Bergstrecke verbietet. So wie es aussieht stammt es aber aus einer Zeit, wo den Rumänen noch so einiges verwehrt wurde.

Weit oben, nach wilder Schaukelei, kommen mir zwei Schäfer entgegen und freuen sich über die Abwechslung in ihrer Einsamkeit. Sie lobten meinen kleinen Japaner und wünschten zur Weiterfahrt, *Drum bun*.

Die Aussicht auf der Passhöhe ist gewaltig und ein steifer Wind rüttelt am Wagen. Im Westen sehen wir schon die Gipfel des Gebirges *Muntii Parang*. Der *Pasul Urdele* (2228 m) selbst liegt zwischen den Massiven *Muntii Lotrului* und *Muntii Capatanii*.

Wer will kann von hier auch auf der anderen Seite abfahren und erreicht bei *Novaci* wieder eine Hauptstrasse, die (67) zwischen *Targu Siu* und *Ramnicu Valcea*.

Ich musste ja zurück weil ich den Caravan in *Obarsia Lotrului* zurück gelassen hatte. Aber auch die Rückfahrt auf gleicher Strecke hat seinen Reiz, bietet sie doch dem Fahrer ganz neue Perspektiven.

Ein Biker aus Tschechien, unterwegs in den Karpaten.

Wie schon erwähnt, schöne Lagerplätze am Bach *Lotru* im Tal gleich bei der Brücke.

°ooOoo°

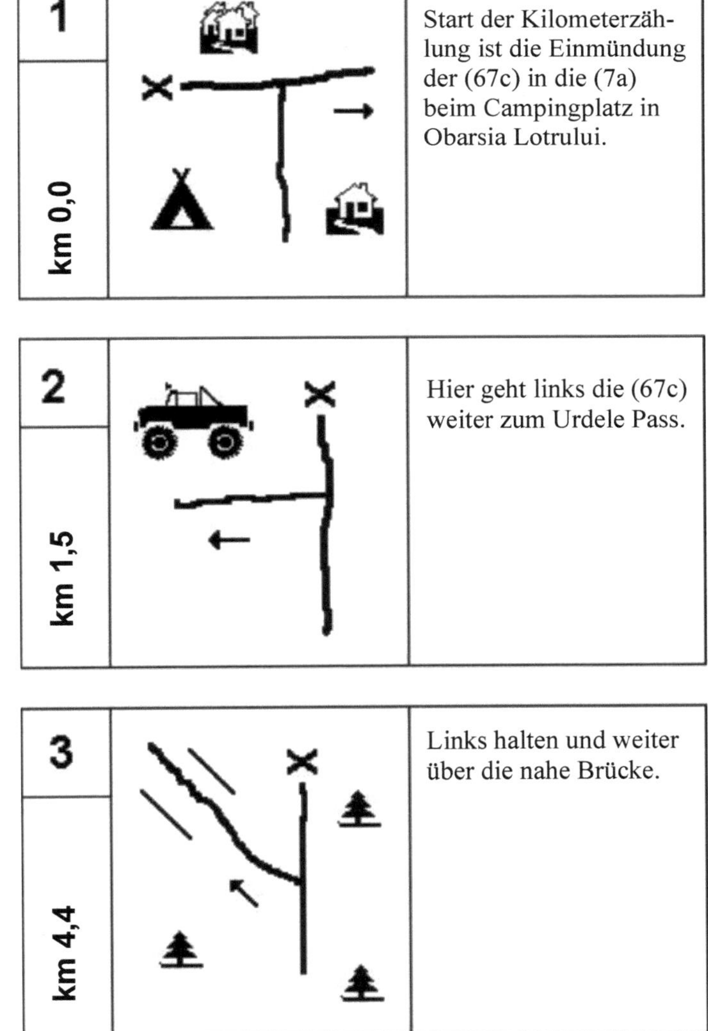

1 km 0,0		Start der Kilometerzäh-lung ist die Einmündung der (67c) in die (7a) beim Campingplatz in Obarsia Lotrului.
2 km 1,5		Hier geht links die (67c) weiter zum Urdele Pass.
3 km 4,4		Links halten und weiter über die nahe Brücke.

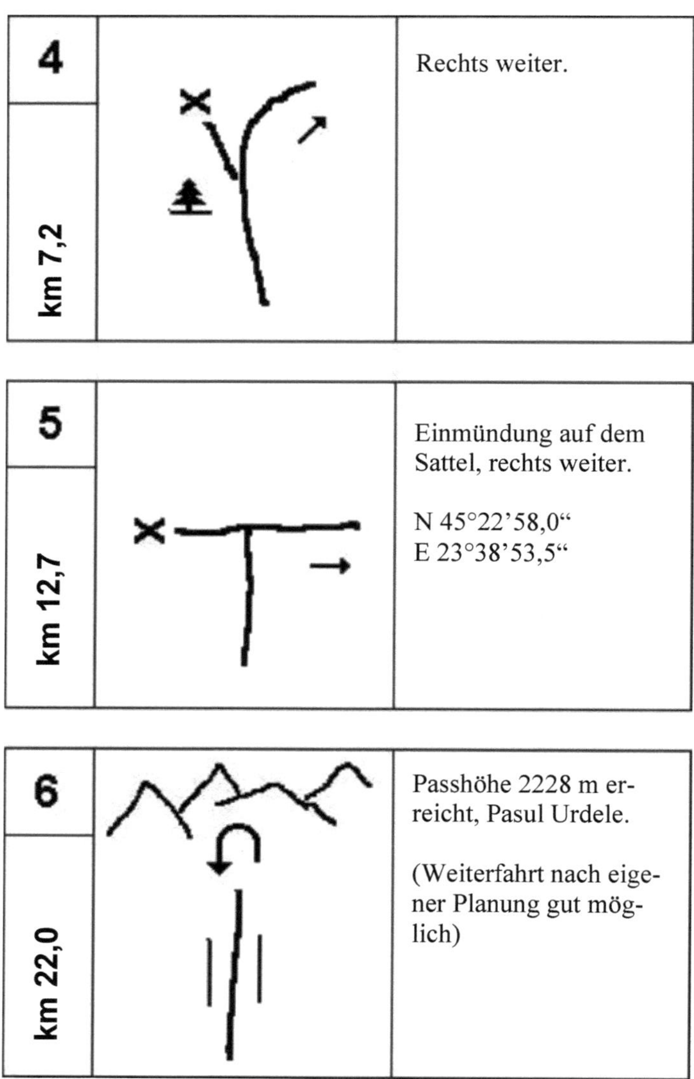

4 km 7,2		Rechts weiter.
5 km 12,7		Einmündung auf dem Sattel, rechts weiter. N 45°22'58,0" E 23°38'53,5"
6 km 22,0		Passhöhe 2228 m erreicht, Pasul Urdele. (Weiterfahrt nach eigener Planung gut möglich)

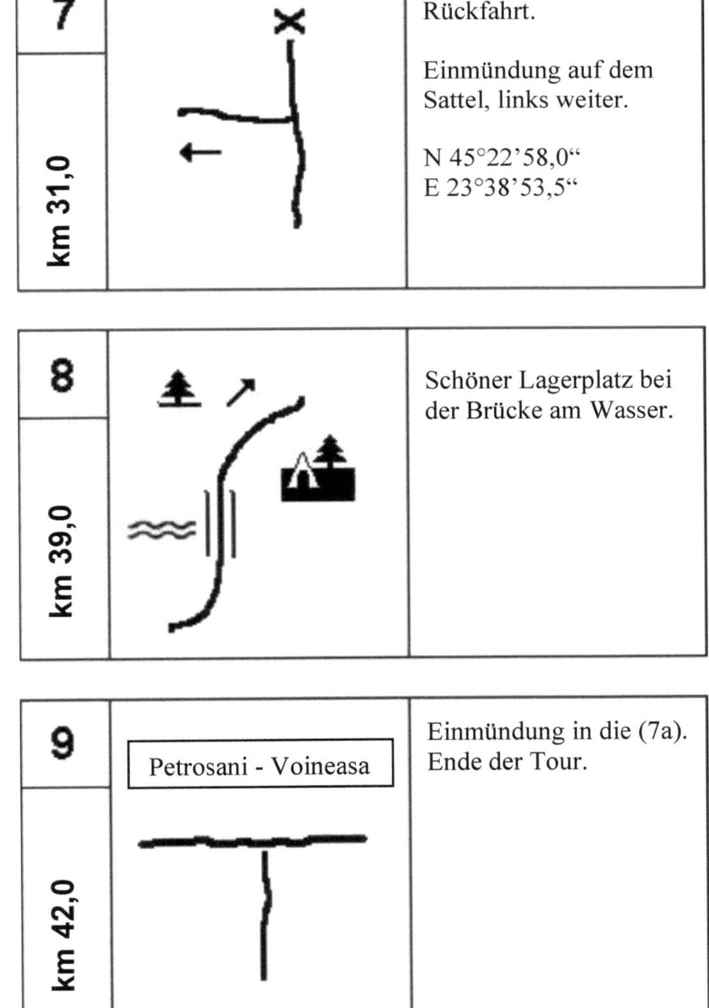

Rückfahrt.

Einmündung auf dem Sattel, links weiter.

N 45°22'58,0"
E 23°38'53,5"

Schöner Lagerplatz bei der Brücke am Wasser.

Einmündung in die (7a). Ende der Tour.

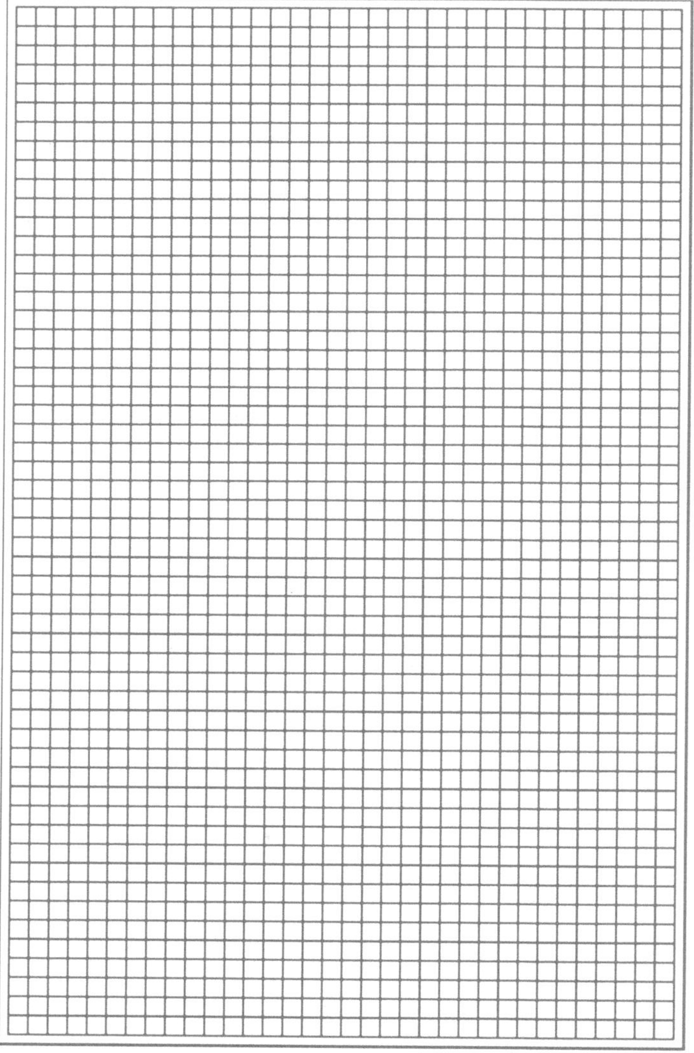

Lac Vidra – Voineasa

Foto: Angeltage am Lac Vidra

Auf dem Weg ins Fagaras Gebirge, das man von *Obarsia Lotrului* über die (7a) in Richtung Osten erreicht liegen noch zwei Nebenstrecken zum Mitnehmen.

Wir nullen auf Höhe des Campingplatzes in *Obarsia Lotrului* den Tageszähler. Leider ist die nördliche Umfahrung des *Lac Vidra* mit einer Schranke verschlossen, aber bei Kilometer 16,7 können wir links abbiegen und durch ein enges Tal mit Sandpiste nach *Voineasa* fahren.

Wer noch länger am Stausee *Lac Vidra* verweilen möchte dem sei gesagt, dass es in *Obarsia Lotrului* eine Verkaufstelle für Angelkarten gibt. Auskunft am Campingplatz. Der Preis für eine Tageskarte liegt bei drei Euro und der

See ist gut mit rosafleischigen, kanadischen Forellen besetzt.

Vorsicht beim Campieren, es gibt hier Bären! In der Nähe
des Staudamms lebt ein schon bekanntes Exemplar mit
einem auffällig weißen Fellfleck im Gesicht. Aber auch
wenn ihn die Einheimischen füttern, er ist nicht aus dem
Streichelzoo. Wer jetzt gleich an Bärenjagd denkt sollte
erst mal sein Kleingeld nachzählen. Ein Abschuss kostet
35.000.- Euro, nicht Lei. Also besser Forellen angeln!

Foto: Stellplatz am Lac Vidra

Ab Kilometer 43 nähern wir uns dem Ort *Voineasa*. Kurz
vor der Einmündung in die (7a) liegt wie gerufen eine
Tankstelle. Weitere Versorgungsmöglichkeiten und Gast-
ronomie folgen dann im Ort.

Foto: Unautorisierte Forststrassenbenutzung 0,75 € pro Tag.

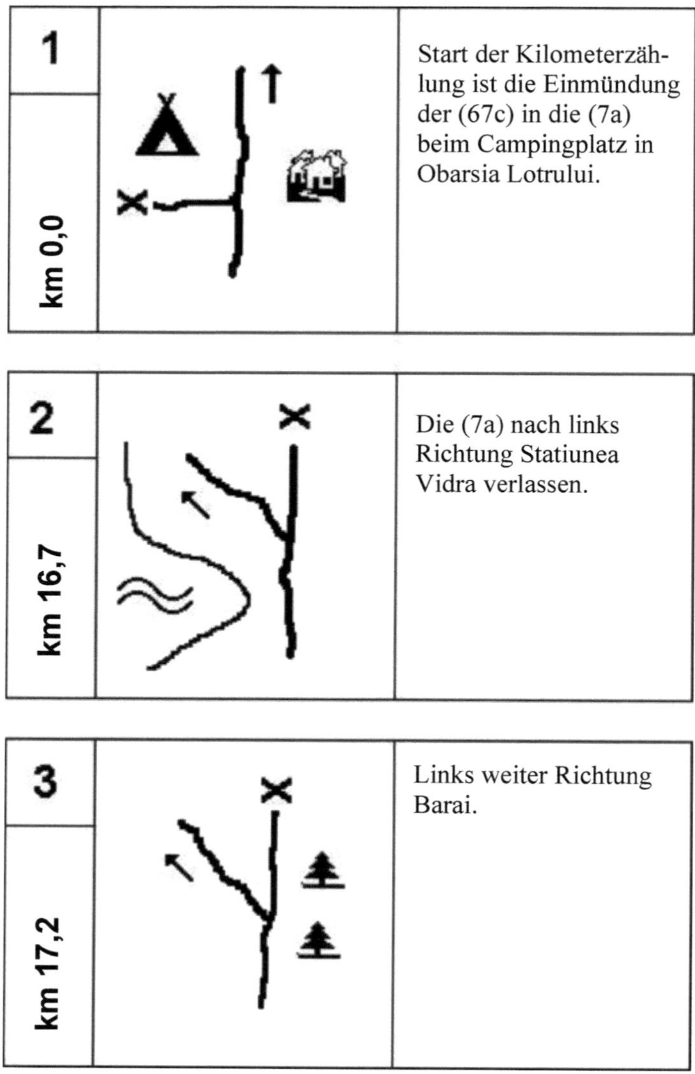

1 km 0,0		Start der Kilometerzählung ist die Einmündung der (67c) in die (7a) beim Campingplatz in Obarsia Lotrului.
2 km 16,7		Die (7a) nach links Richtung Statiunea Vidra verlassen.
3 km 17,2		Links weiter Richtung Barai.

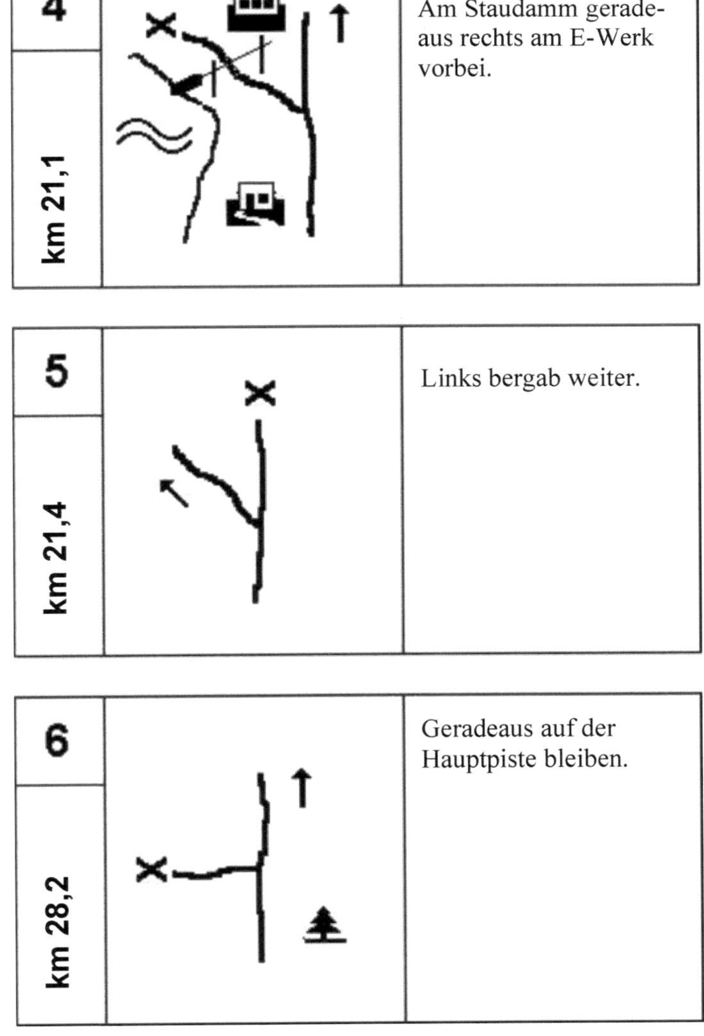

4 km 21,1		Am Staudamm gerade-aus rechts am E-Werk vorbei.
5 km 21,4		Links bergab weiter.
6 km 28,2		Geradeaus auf der Hauptpiste bleiben.

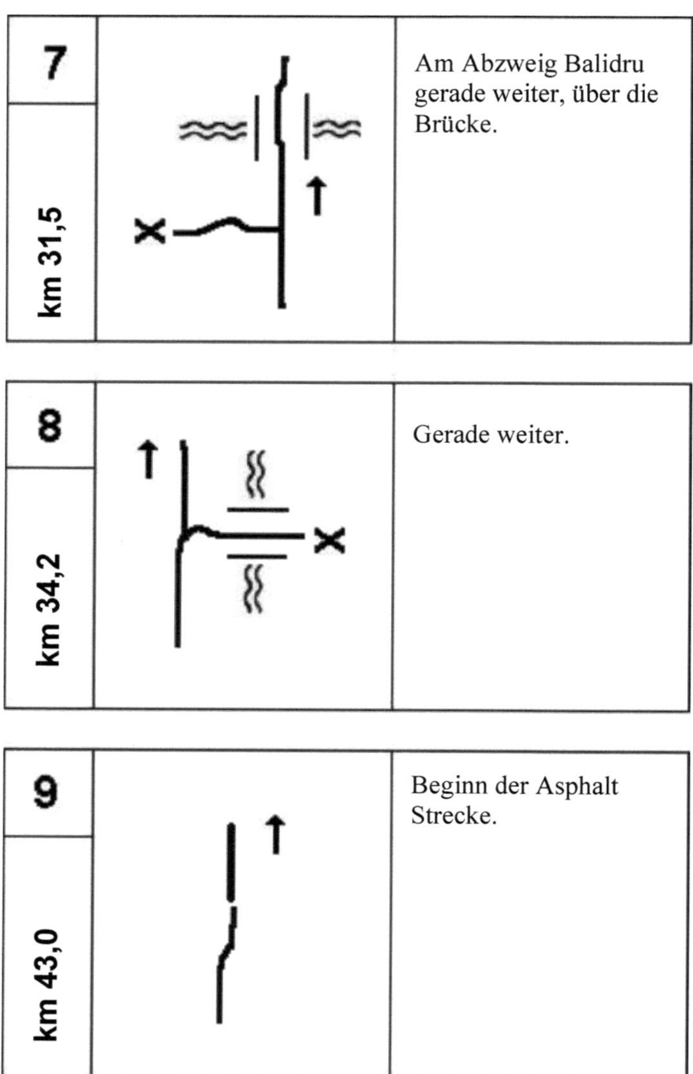

7 km 31,5		Am Abzweig Balidru gerade weiter, über die Brücke.
8 km 34,2		Gerade weiter.
9 km 43,0		Beginn der Asphalt Strecke.

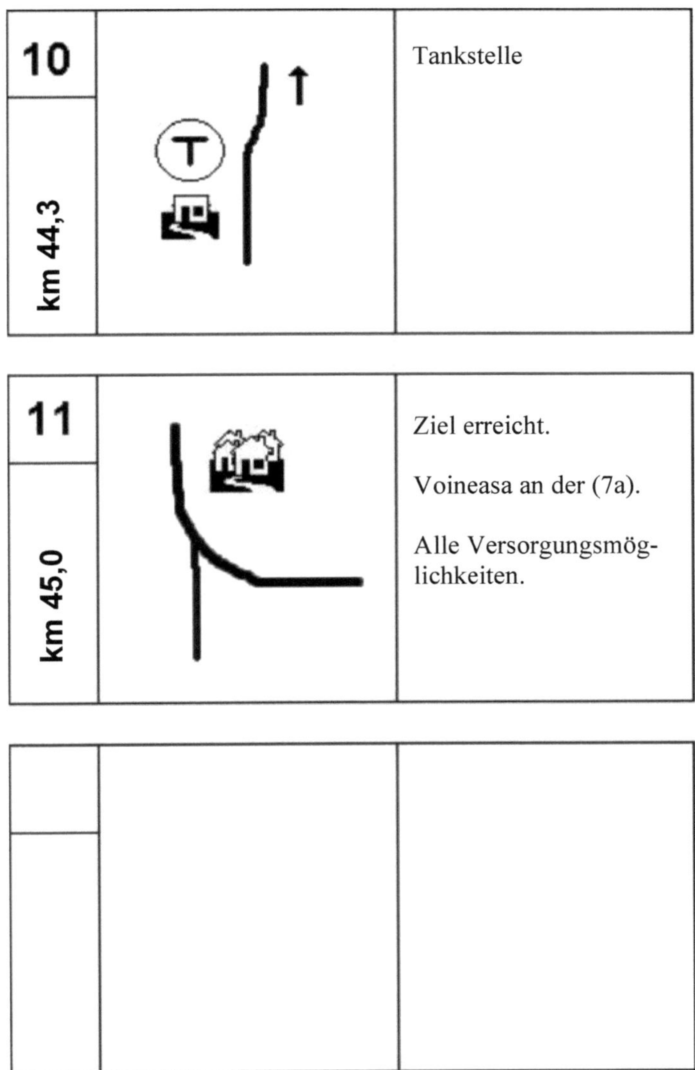

10 km 44,3		Tankstelle
11 km 45,0		Ziel erreicht. Voineasa an der (7a). Alle Versorgungsmög-lichkeiten.

Skizzen und Notizen

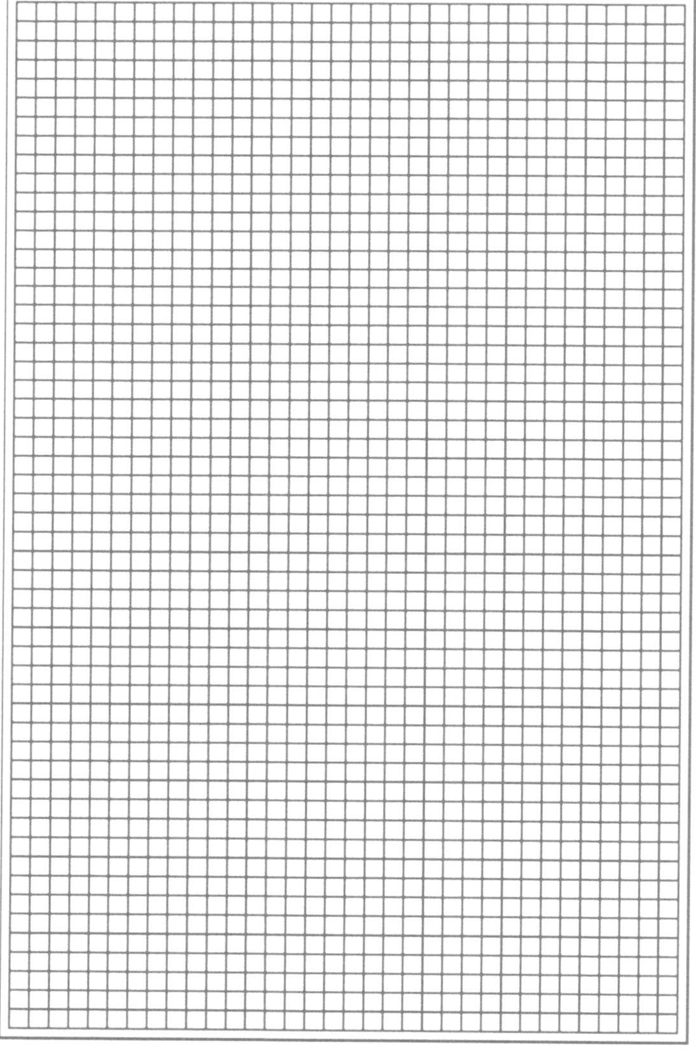

Valea Macesului – Curmatura Oltetului

Nur dreizehn Kilometer nach *Voineasa* an der (7a) läd die Klamm *Cheile Latoritei* und der Pass *Curmatura Oltetului* zur Befahrung ein.

Wir biegen in *Valea Macesului* vor der Brücke rechts ab und drücken den Tacho auf null. Die Anfangs noch ganz ordentliche Teerdecke wird immer schlechter und weicht dann ab dem Stausee *Lac Petriman* endlich einer griffigen Schotter und Steinpiste.

Die Strasse begleitet den Wildbach *Latorita* der oben am *Pasul Urdele* entspringt und hier zwischen den Gebirgszügen *Muntii Latoritei* und *Muntii Capatanii* zu Tale plätschert. Über Letzteres führt auch der Pass *Curmatura Oltetului* (1620 m) den wir unter die Räder nehmen.

Auf der Passhöhe gibt es dann noch weitere Befahrungs-
möglichkeiten. Wir nehmen erst mal die linke Steilauffahrt Richtung Osten zum nächsten Sattel. Wunderbar
flache Almmatten machen Lust auf ein Gipfelbiwak, um
am nächsten Morgen die ausgedehnten Höhenwege abzu-
fahren. Die Wegbeschreibung endet hier.

Foto: Wegpunkt 10

Auch auf der Rückfahrt gibt es bei Wegpunkt (8) noch die
Möglichkeit nach links, weitere fünfzehn Kilometer bis
zum *Lac Galbenul* zu fahren. Schöne Lagerplätze findet
man im ganzen Talbereich.

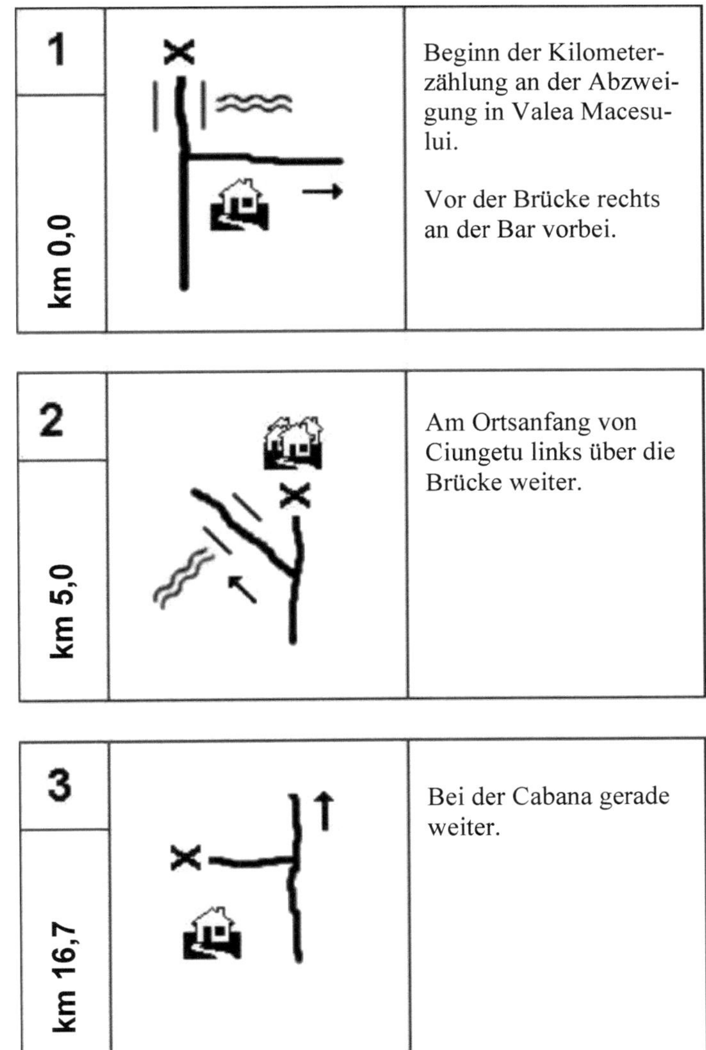

1 km 0,0		Beginn der Kilometer-zählung an der Abzwei-gung in Valea Macesu-lui. Vor der Brücke rechts an der Bar vorbei.
2 km 5,0		Am Ortsanfang von Ciungetu links über die Brücke weiter.
3 km 16,7		Bei der Cabana gerade weiter.

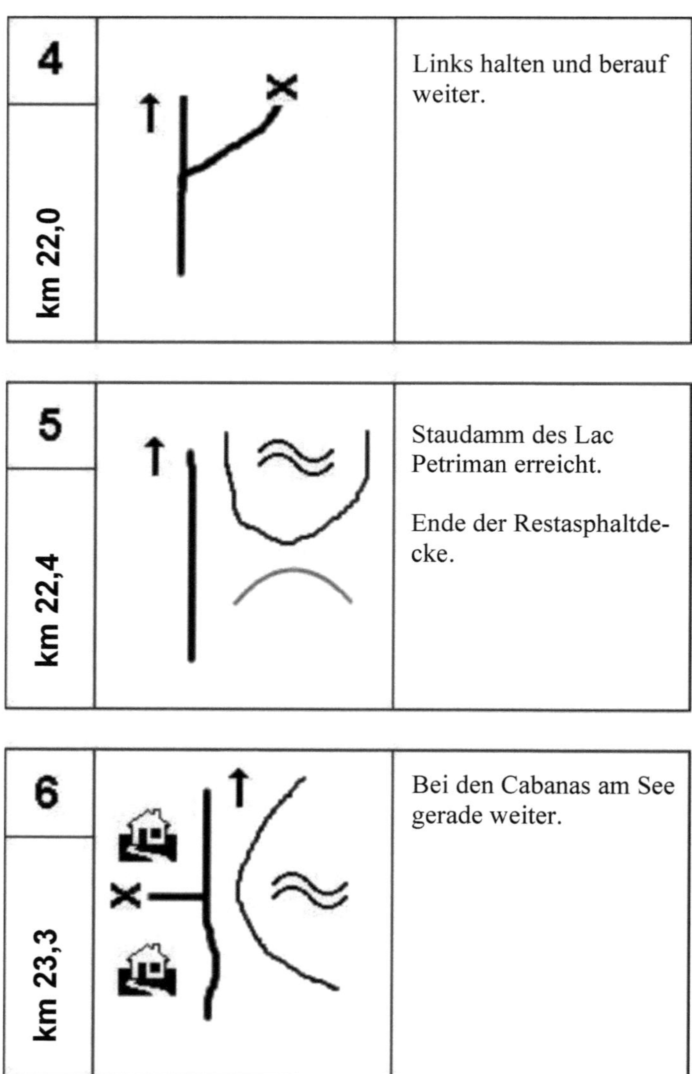

4 km 22,0		Links halten und berauf weiter.
5 km 22,4		Staudamm des Lac Petriman erreicht. Ende der Restasphaltdecke.
6 km 23,3		Bei den Cabanas am See gerade weiter.

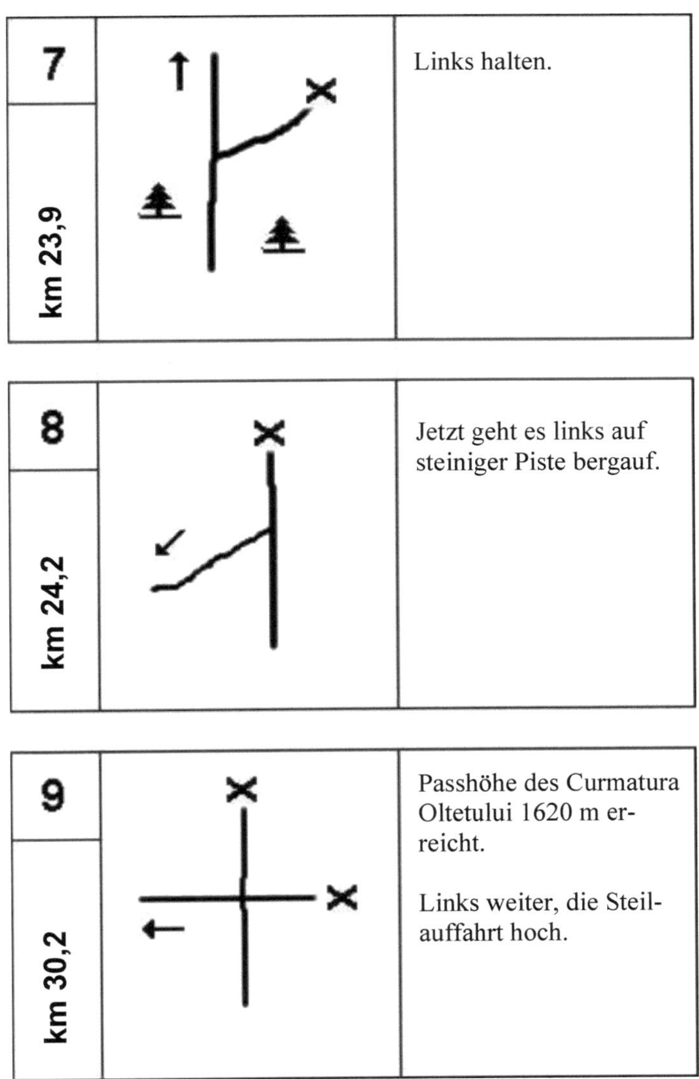

7 km 23,9		Links halten.
8 km 24,2		Jetzt geht es links auf steiniger Piste bergauf.
9 km 30,2		Passhöhe des Curmatura Oltetului 1620 m erreicht. Links weiter, die Steilauffahrt hoch.

10		Ende der Kilometerzäh-lung, aber noch ein ausgedehntes Terrain für weitere Befahrungen.
km 31,3		Lagermöglichkeit etc.

Skizzen und Notizen

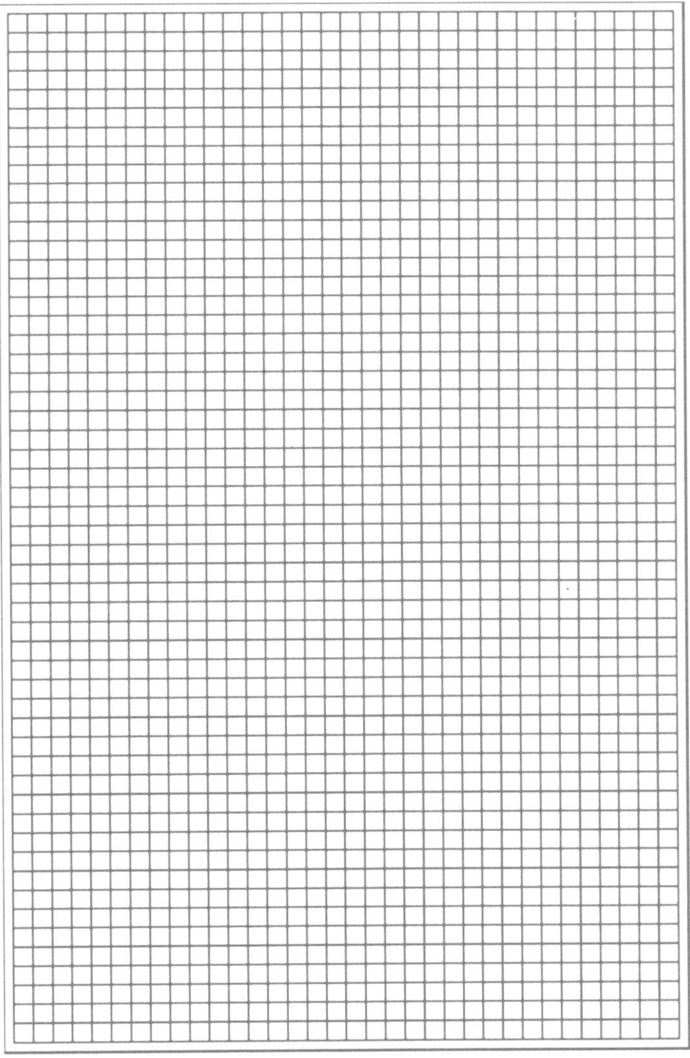

Muntii Fagaras

Keine Offroadtour im eigentlichen Sinne, aber ein Muss
für den Karpatenreisenden ist natürlich die *Transfagarasanul*, die bekannte Route (7c) mitten durch das *Muntii
Fagaras*.

Wir biegen von der (7a) kommend, bei *Brezoi* südlich auf
die (7) Richtung *Bukarest*. Nach 32 km ist in *Ramnicu
Valcea* etwas Aufmerksamkeit nötig um die (7) nicht aus
den Augen zu verlieren. Wir folgen ihr noch 7 km bis
Aldesti und schwenken dann links auf die (73c) ein.

Nach 26 km, in *Curtea de Arges* mündet die Straße in die
(7c), die uns nach links durch das ganze *Fagaras* Gebirge
führt.

Foto: Der Stausee, Lac Vidraru.

Wenn es schon ein langer Fahrtag war, bietet sich als Anlaufstation die erste *Cabana* am linken Seeufer des *Lac Vidraru* an. Sie ist nicht bewirtschaftet, aber am Seeufer gibt es ruhige Lagerplätze. Manche der Angler haben den Schlüssel zum Haus und laden Fremde auch gern auf einen Schnaps ein.

Foto: Zwischen Wegpunkt 1 und 2.

Alternativ gäbe es gleich auf der anderen Seeseite, also auf der Asphaltstrecke weiter, ein Restaurant mit guter Küche und gehobenen Preisen.

°○○○○○°

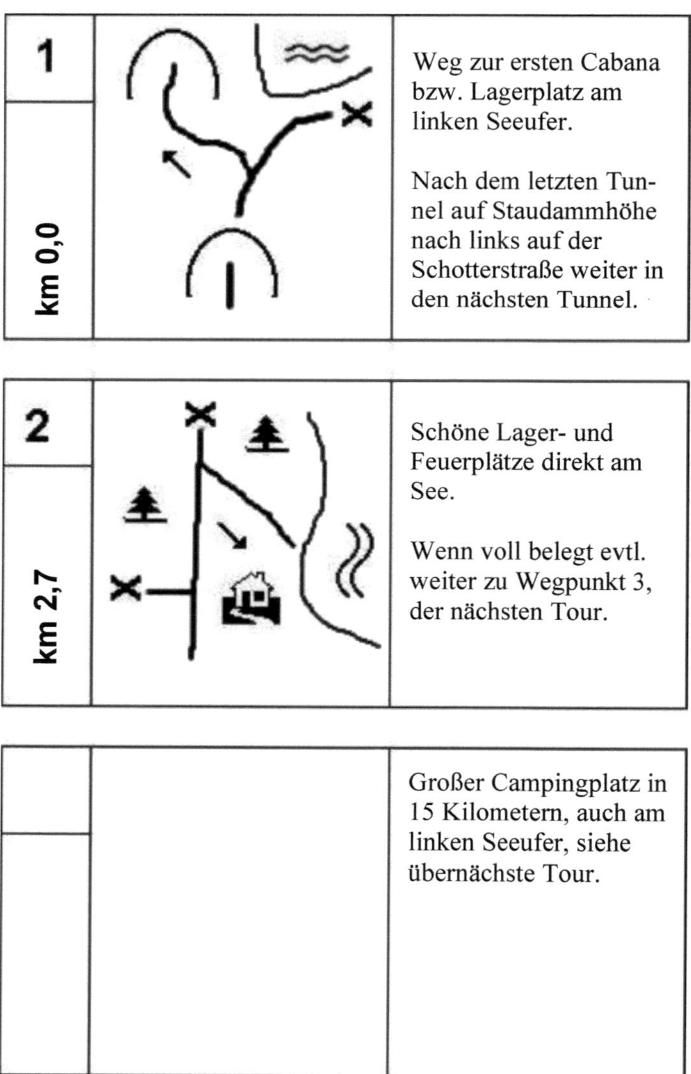

1 km 0,0		Weg zur ersten Cabana bzw. Lagerplatz am linken Seeufer. Nach dem letzten Tunnel auf Staudammhöhe nach links auf der Schotterstraße weiter in den nächsten Tunnel.
2 km 2,7		Schöne Lager- und Feuerplätze direkt am See. Wenn voll belegt evtl. weiter zu Wegpunkt 3, der nächsten Tour.
		Großer Campingplatz in 15 Kilometern, auch am linken Seeufer, siehe übernächste Tour.

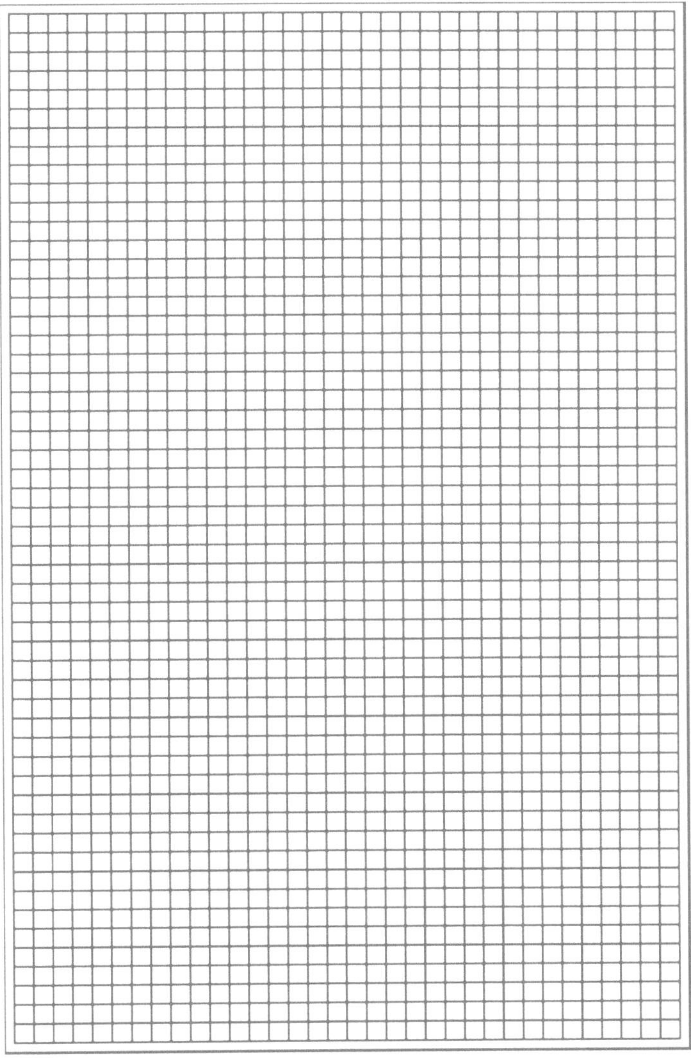
Skizzen und Notizen

Lac Vidraru – Hateganu

Zur Einstimmung im neuen Revier eine kleine Bergfahrt zum Holzfällercamp am *Hateganu* hoch über
dem See. Die Vegetation wird hier von Mischwald
und alten Buchenbeständen dominiert, ist also ganz
anders als bisher.

Den Tacho stellen wir gleich an der Einmündung
nahe der *Cabana* am See auf null und fahren rechts
den Forstweg bergauf. Die Route ist bei trockenem
Wetter einfach zu befahren, was sich aber bei aufgeweichtem Boden schnell ändern kann. Besonders bei
der letzten Abfahrt vor dem Camp sollte man auch an
die Rückfahrt denken.

Foto: Strassen Planiergerät.

Es ist nicht sicher ob gerade Holz geschlagen wird, aber ein paar Dosen *Ursus* in Reserve für die Männer können nicht schaden.

Auf diesen Höhen gibt es noch jede Menge eigene Wege zu erkunden und was die eigentlich gesperrten Forststraßen betrifft, sollte man das nicht zu eng sehen.

Auf dem Urdele Pass traf ich eine Gruppe tschechischer Endurofahrer und gerade, wo ich die Daten dieses Tages notiere, kommt die westliche Seepiste ein 4x4 Konvoi entlang. Es waren verschiedene Nationalitäten vertreten, leider hielten sie nicht an. Ihre Aufkleber „Karpaten 2004" lassen eine geführte Tour vermuten.

°ooOoo°

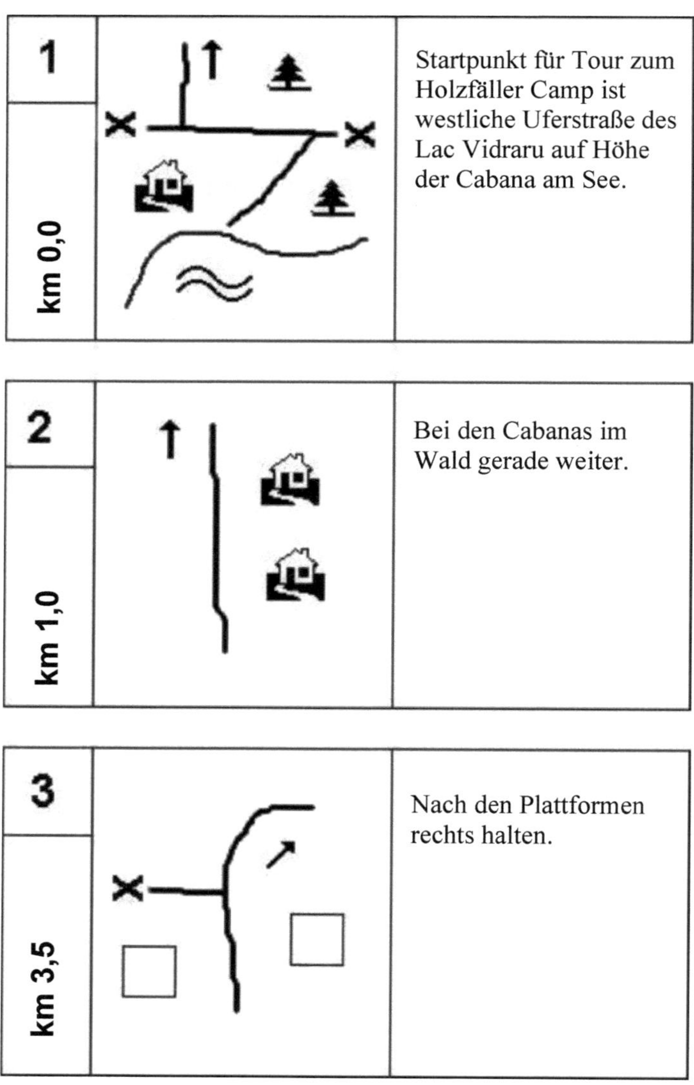

| 1 | | Startpunkt für Tour zum Holzfäller Camp ist westliche Uferstraße des Lac Vidraru auf Höhe der Cabana am See. |
| km 0,0 | | |

| 2 | | Bei den Cabanas im Wald gerade weiter. |
| km 1,0 | | |

| 3 | | Nach den Plattformen rechts halten. |
| km 3,5 | | |

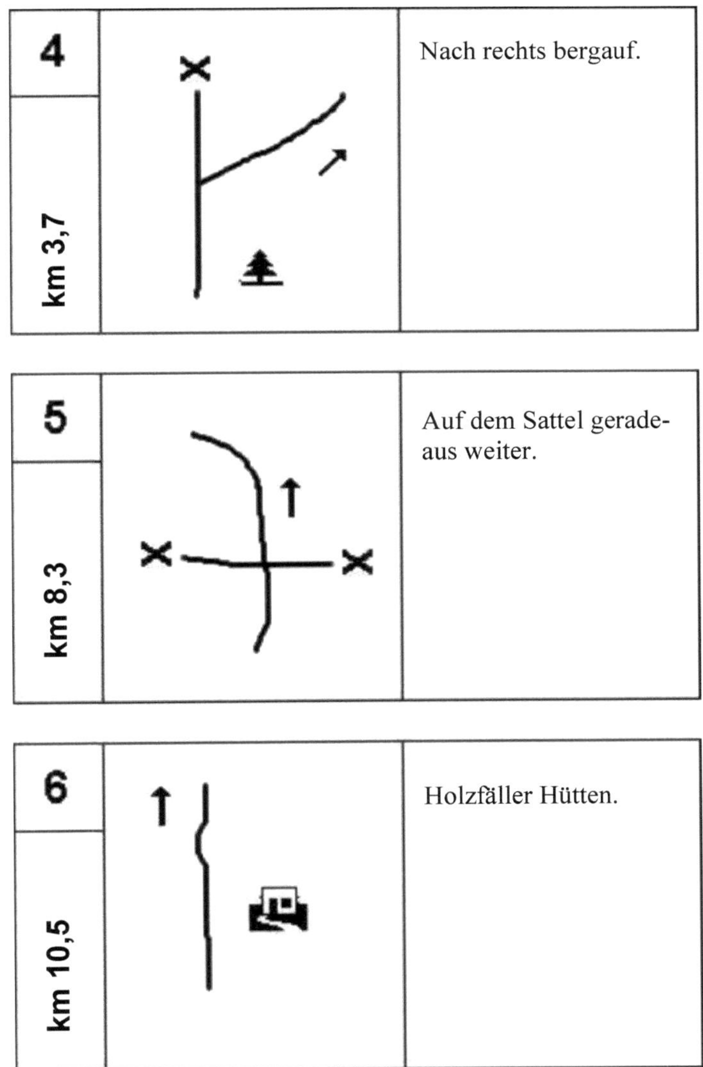

4 km 3,7		Nach rechts bergauf.
5 km 8,3		Auf dem Sattel gerade-aus weiter.
6 km 10,5		Holzfäller Hütten.

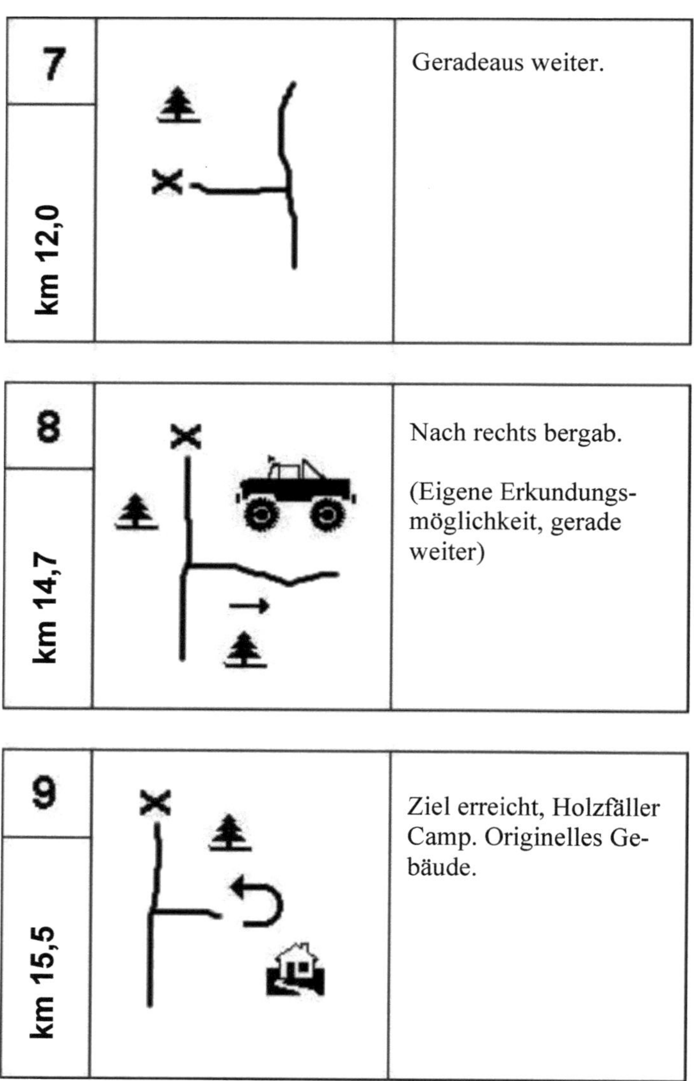

7 km 12,0		Geradeaus weiter.
8 km 14,7		Nach rechts bergab. (Eigene Erkundungs-möglichkeit, gerade weiter)
9 km 15,5		Ziel erreicht, Holzfäller Camp. Originelles Gebäude.

Skizzen und Notizen

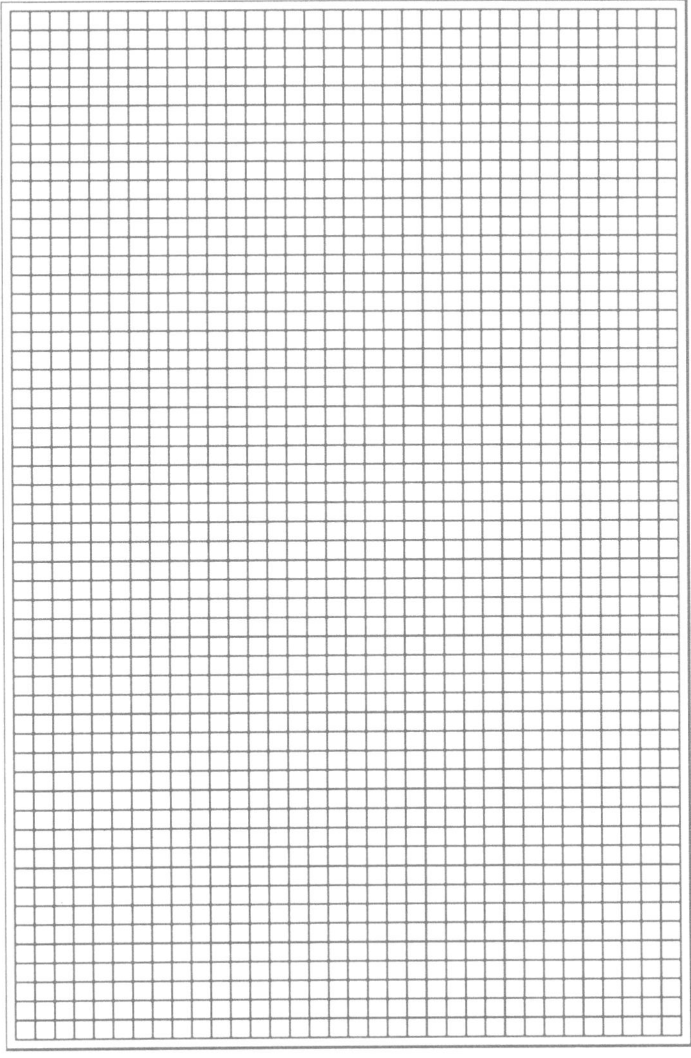

Lac Vidraru – Lac Balea

Zur Weiterfahrt auf die *Transfagarasanul* nehmen wir natürlich den Weg am westlichen Seeufer der nach 19 km wieder in die Hauptstraße mündet.

Wichtig für die Reiseplanung ist, den Termin nicht vor Mitte Juni zu legen. Die Altschneereste und die Eislage im Gipfeltunnel könnten sonst die Durchfahrt verhindern. Bei meiner Befahrung am 19. Juni kam mir verdächtigerweise auf der gesamten Bergstrecke kein Fahrzeug entgegen und am Tunneleingang hing noch das Wintersperrschild.

Das lockende Licht am Ende des Tunnels war aber stärker und die Überraschung auch. Auf den gerade schneefreien Wiesen standen viele kleine Zelte und auf schmutzigen Firnresten wurden letzte Schwünge hingelegt. Auch Gleitschirmflüge im Tandem wurden angeboten.

Auf der Nordseite des Gipfels geht es zu wie auf einem Jahrmarkt und es scheint ein beliebtes Ausflugsziel der Bewohner von *Sibiu* und *Fagaras* zu sein.

Hier liegt auch der Bergsee *Lac Balea* unser Etappenziel, er ist noch gut mit Eis bedeckt.

Nach diesem Ausflug über das *Muntii Fagaras* erreichen wir nach 35 km Talwärts die Strasse (1). Wenn auch Ihr nächstes Ziel das *Retezat* Gebiet ist, biegen wir westlich Richtung *Sibiu* (Hermannstadt) ab. Es sind 29 km bis zur Einmündung in die (7) der wir weitere 52 km bis *Brezoi* nach Süden folgen.

Die bereits bekannte Strecke (7a) bringt uns dann Richtung *Petrosani* (Petroschani) in Regionen des *Muntii Parang*, *Muntii Retezat* und *Muntii Tarcului*.

°ooOoo°

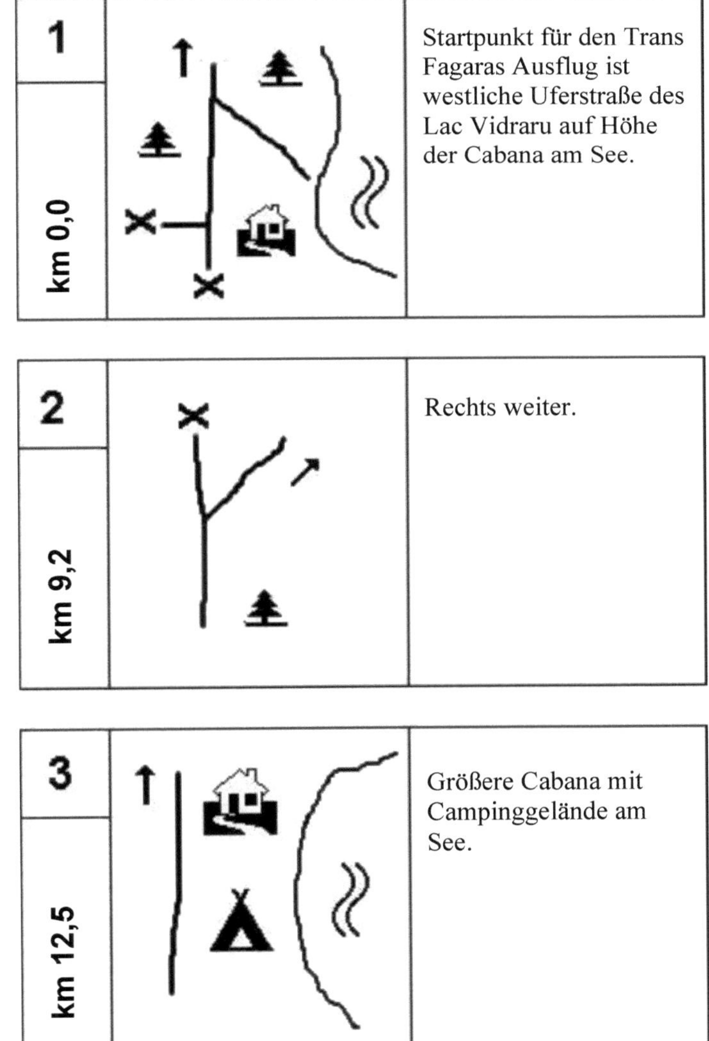

1
km 0,0
Startpunkt für den Trans Fagaras Ausflug ist westliche Uferstraße des Lac Vidraru auf Höhe der Cabana am See.
2
km 9,2
Rechts weiter.
3
km 12,5
Größere Cabana mit Campinggelände am See.

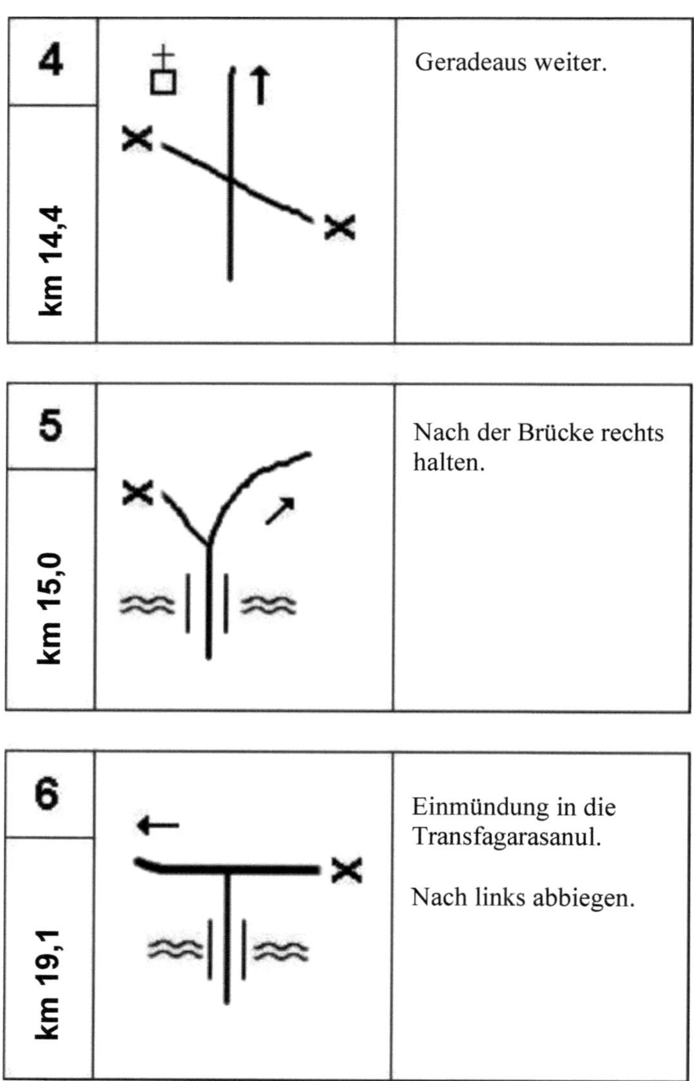

4 km 14,4		Geradeaus weiter.
5 km 15,0		Nach der Brücke rechts halten.
6 km 19,1		Einmündung in die Transfagarasanul. Nach links abbiegen.

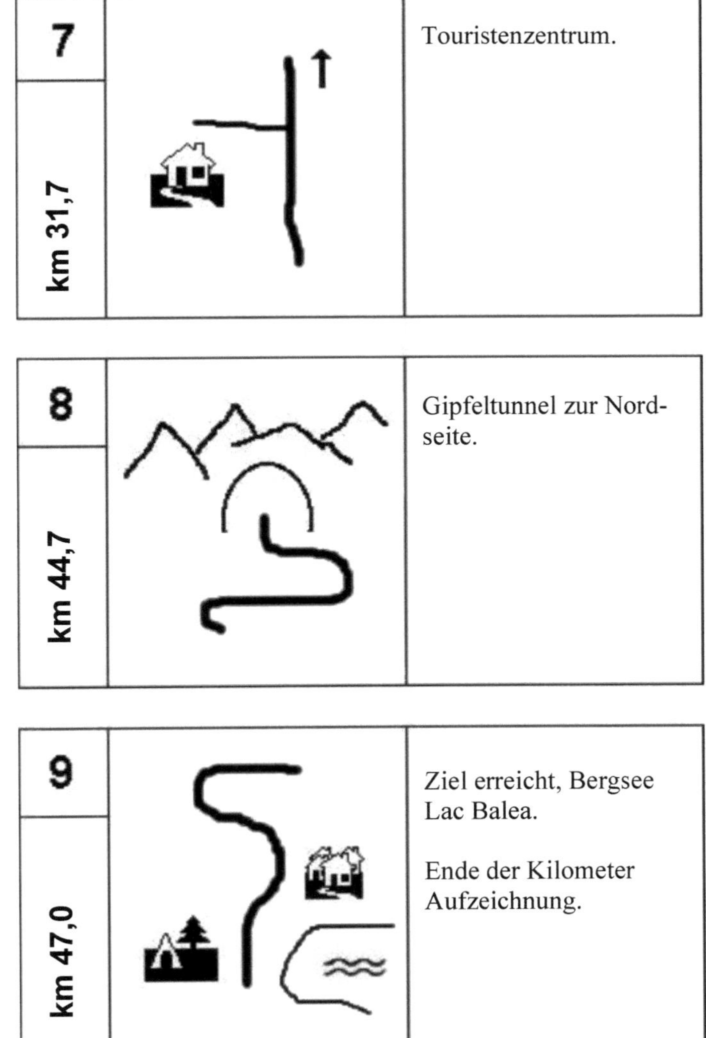

7 km 31,7		Touristenzentrum.
8 km 44,7		Gipfeltunnel zur Nord-seite.
9 km 47,0		Ziel erreicht, Bergsee Lac Balea. Ende der Kilometer Aufzeichnung.

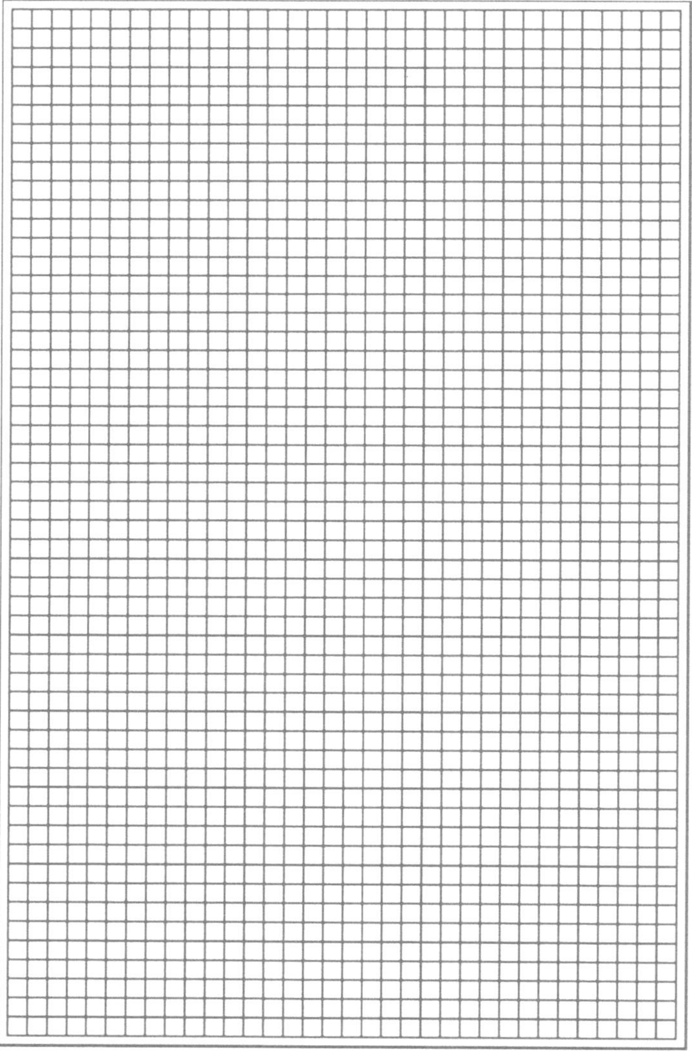

Obarsia Lotrului – Muntii Parang

Ist man in den Südkarpaten unterwegs, muss man natürlich auch ins *Retezat* Gebiet. Auf dem Weg nach *Petrosani* (Petroschani) kommen wir auch am *Muntii Parang* vorbei. Diese Steilauffahrt nehmen wir gleich sozusagen en passant mit.

Startpunkt für die Tour ist wieder das Camp in *Obarsia Lotrului* an der (7a).

Zuerst fahren wir die leichte Schotterstrecke zum *Pasul Groapa Seaca* (1575 m) hinauf und ab der Regionsgrenze *Valcea/Hunedoara* auf rumänischem Wellenasphalt ins Tal. Der Bach auf dieser Bergseite ist der *Jiet*. Gleichnamig die Schluchtstrecke *Cheile Jietului* und der Ort *Jiet*, in dem wir links ins Parang Gebirge abzweigen. Markant ist das Schild zur *Cabana Rusu*.

Diese Nordflanke des Berges ist das Skigebiet von *Petro-sani* (Petroschani). Leider haben diese Wintersportorte im Sommer eher den Charme von verlassenen Goldgräber-siedlungen. Mit zunehmender Höhe aber wird es besser.

Foto: Parang Gipfel in Wolken.

Die Routenbeschreibung endet am *Parangul Mic* (2074 m). Schön ist von hier aus eine Höhenwanderung zu den Gipfeln *Carja* (2405 m) und *Mandra* (2519 m) mit dem Blick auf die Seenplatte auf der Ostseite, bestehend aus vierzehn kleinen Gewässern.

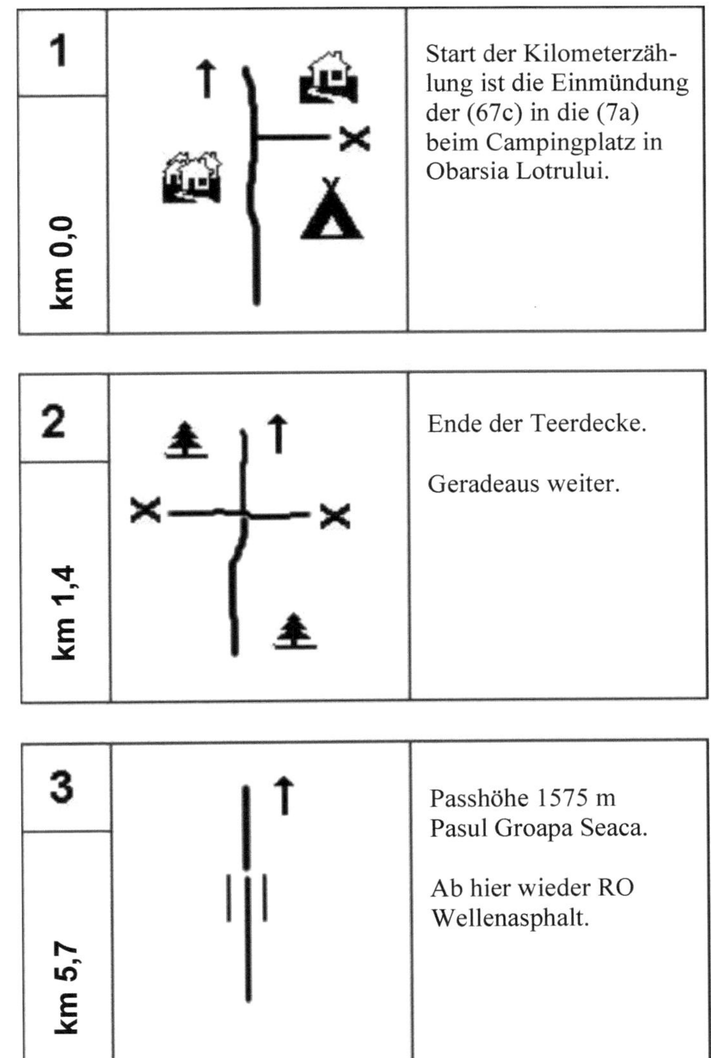

| 1 | | Start der Kilometerzäh-lung ist die Einmündung der (67c) in die (7a) beim Campingplatz in Obarsia Lotrului. |
| km 0,0 | | |

| 2 | | Ende der Teerdecke.

Geradeaus weiter. |
| km 1,4 | | |

| 3 | | Passhöhe 1575 m Pasul Groapa Seaca.

Ab hier wieder RO Wellenasphalt. |
| km 5,7 | | |

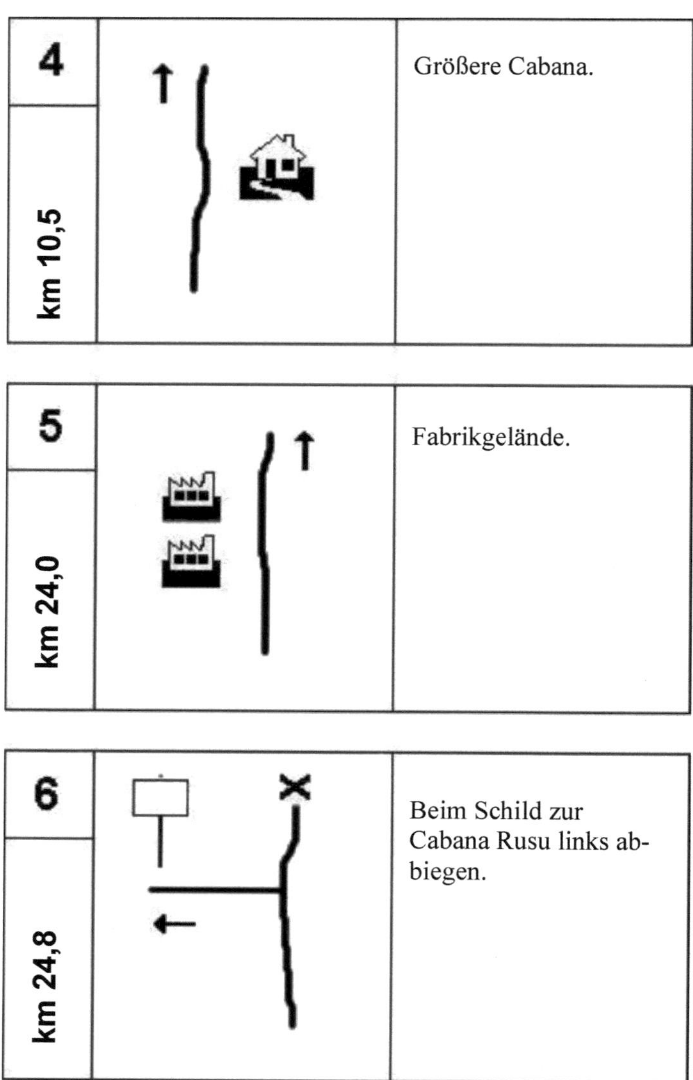

4 km 10,5		Größere Cabana.
5 km 24,0		Fabrikgelände.
6 km 24,8		Beim Schild zur Cabana Rusu links abbiegen.

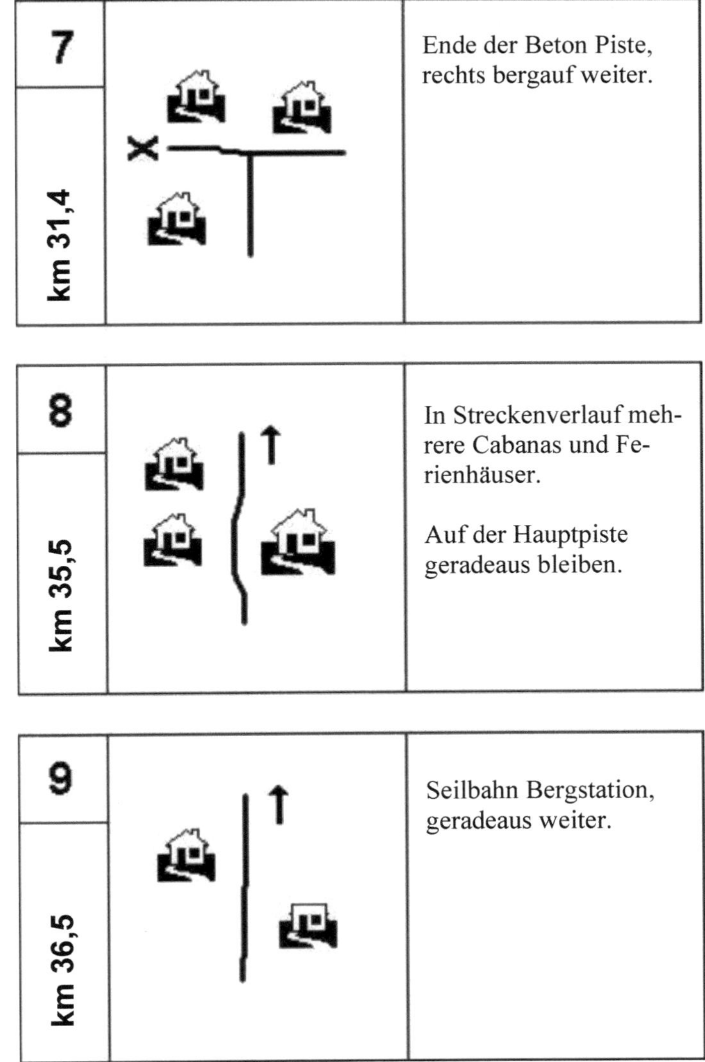

7 km 31,4		Ende der Beton Piste, rechts bergauf weiter.
8 km 35,5		In Streckenverlauf mehrere Cabanas und Ferienhäuser. Auf der Hauptpiste geradeaus bleiben.
9 km 36,5		Seilbahn Bergstation, geradeaus weiter.

10 km 37,1		Ziel erreicht, Parangul Mic 2074 m. Möglichkeit für Drachen und Gleitschirm Starts.
11		Möglichkeit für Wanderungen zu einigen Gipfeln.

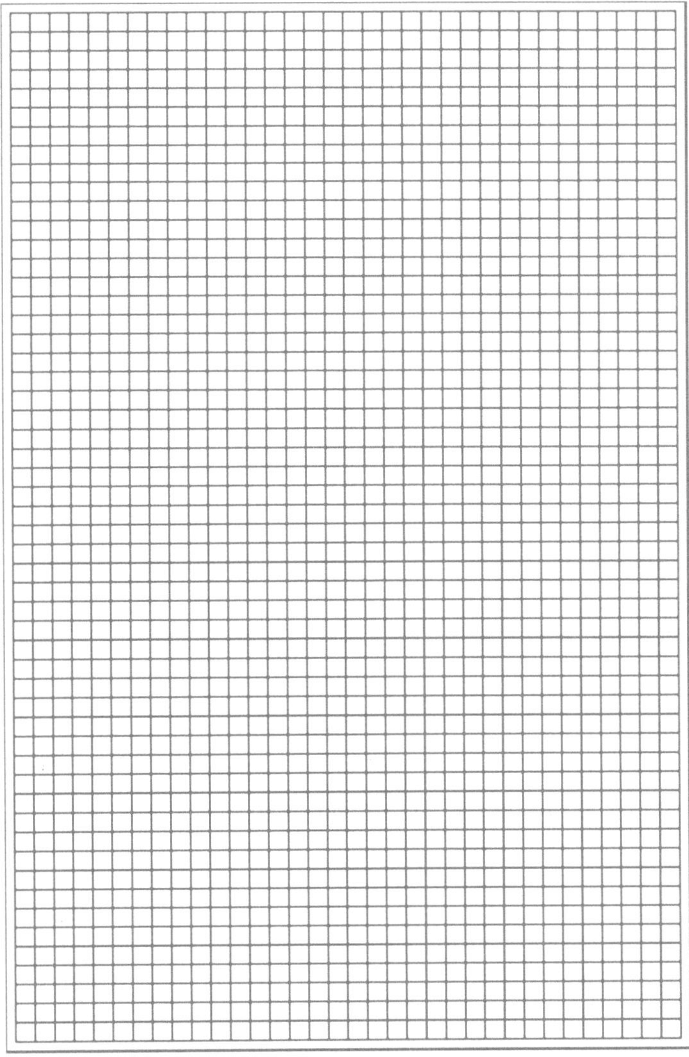

Muntii Retezat – Lac Gura Apelor

In das *Muntii Retezat* kann man von vielen Seiten vordringen. Wir nehmen die Zufahrt von der Westseite, die über *Petrosani* (Petroschani) – *Hateg* (Wallenthal) (66) und dort links weiter auf der (68) Richtung *Caransebes* (Karansebesch), weit ins Gebiet eindringt.

Genau 10 km nach *Hateg* (Wallenthal) geht es bei *Carnesti* links weg und das Tal entlang der *Raul Mare* bergauf.

Ab km 19,2, der Grenze zum *Retezat* Nationalpark, sind zahlreiche freie Campplätze angelegt. Wenn die Wetterlage für den Zeltaufbau zu schlecht sein sollte, wartet die *Cabana Gura Slata* mit den obligaten Holzhüttchen auf.

Foto: Einer der NP Rastplätze.

Der *Retezat* Nationalpark wurde bereits im Jahre 1935 gegründet ist seit 1980 Biosphärenreservat der UNSECO. Er erstreckt sich auf eine Fläche von 20.000 ha und weist viele Besonderheiten auf. Als Relikte der Eiszeit verblieben der Landschaft ca. 100 Bergseen. Der größte Gletschersee des Landes ist der *Bucura* See auf 2041 Meter Höhe mit einer Ausdehnung von 8,80 ha und einer Tiefe von 15 Metern. In den Bergmassiven wurden über 1000 Pflanzenarten gezählt und die Fauna besteht aus Bär, Wolf, Fuchs, Wildkatze, Dachs, Hermelin, Siebenschläfer natürlich ist auch Hirsch, Gams, Reh und Hase vertreten. An Reptilien werden neben Eidechse und Salamander auch die Gemeine Viper und die Hornviper genannt. In den Seen lebt die Seeforelle und in den Bachen findet man Regenbogen- und Bachforelle sowie Äsche und Barbe.

Foto: Nur keine Hektik!

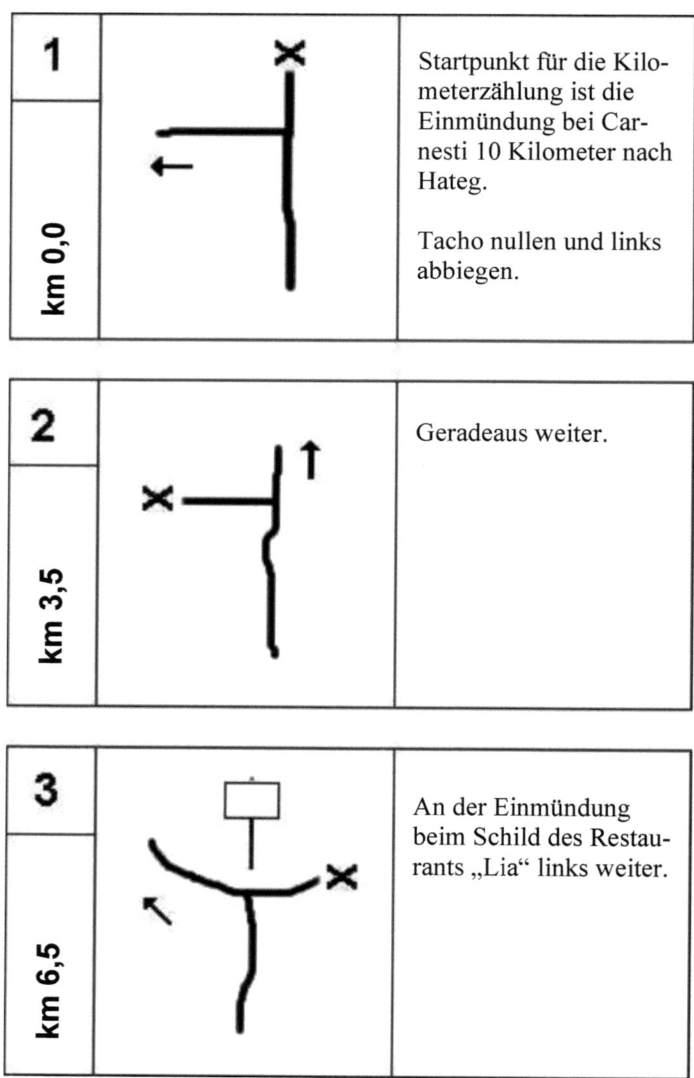

1		Startpunkt für die Kilometerzählung ist die Einmündung bei Carnesti 10 Kilometer nach Hateg. Tacho nullen und links abbiegen.
km 0,0		
2		Geradeaus weiter.
km 3,5		
3		An der Einmündung beim Schild des Restaurants „Lia" links weiter.
km 6,5		

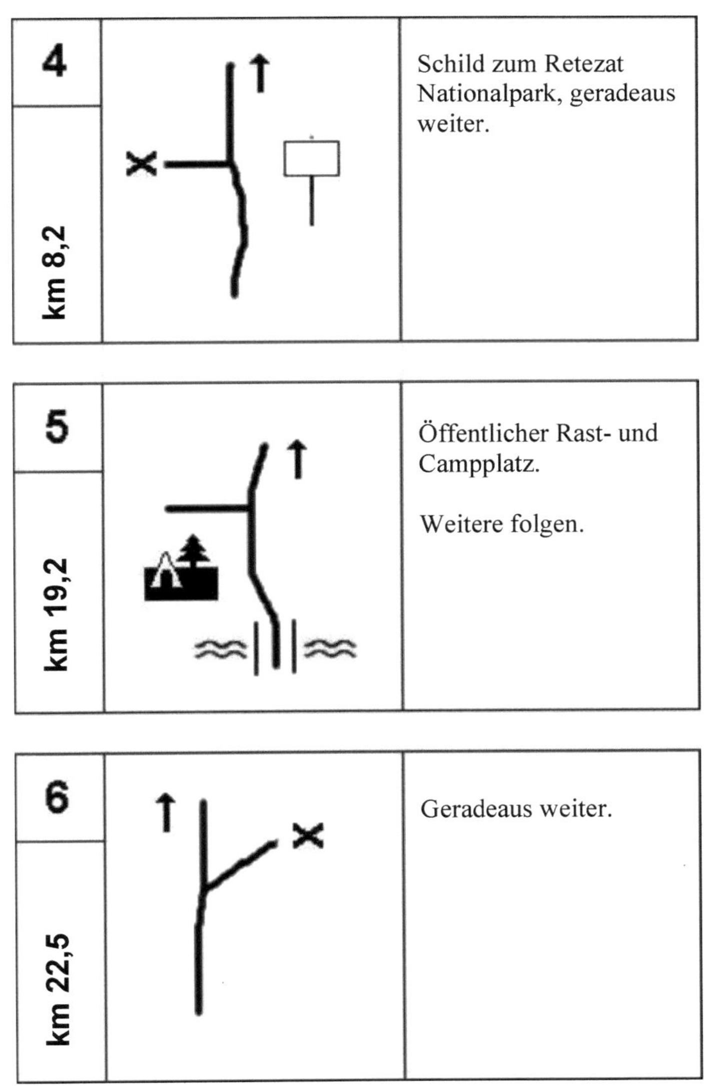

4 km 8,2		Schild zum Retezat Nationalpark, geradeaus weiter.
5 km 19,2		Öffentlicher Rast- und Campplatz. Weitere folgen.
6 km 22,5		Geradeaus weiter.

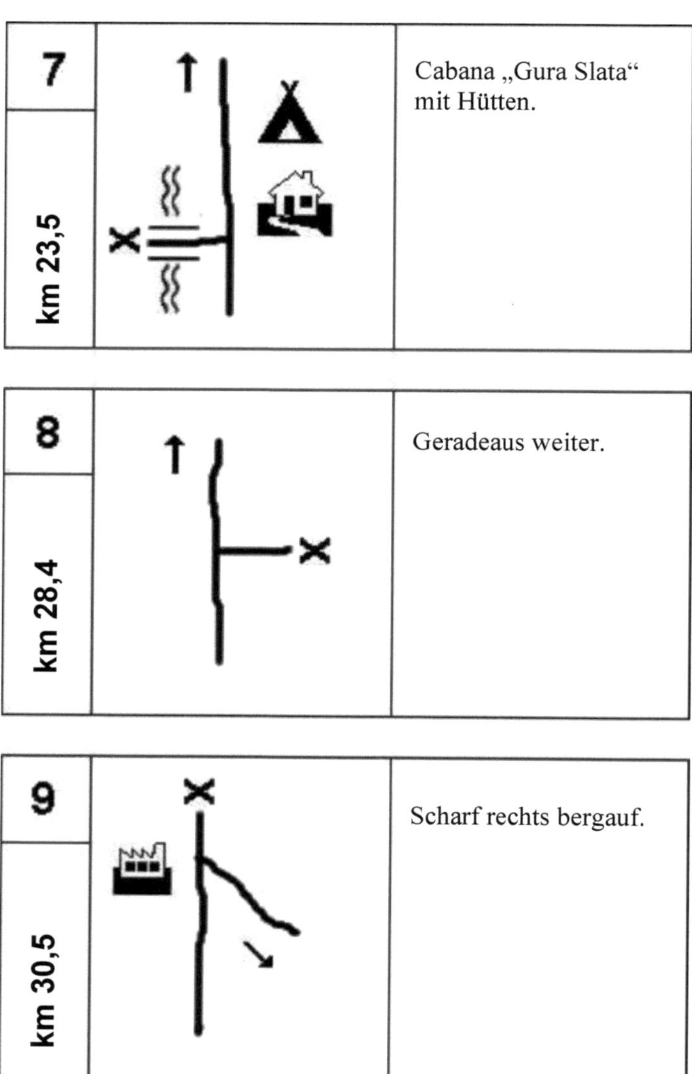

7 km 23,5		Cabana „Gura Slata" mit Hütten.
8 km 28,4		Geradeaus weiter.
9 km 30,5		Scharf rechts bergauf.

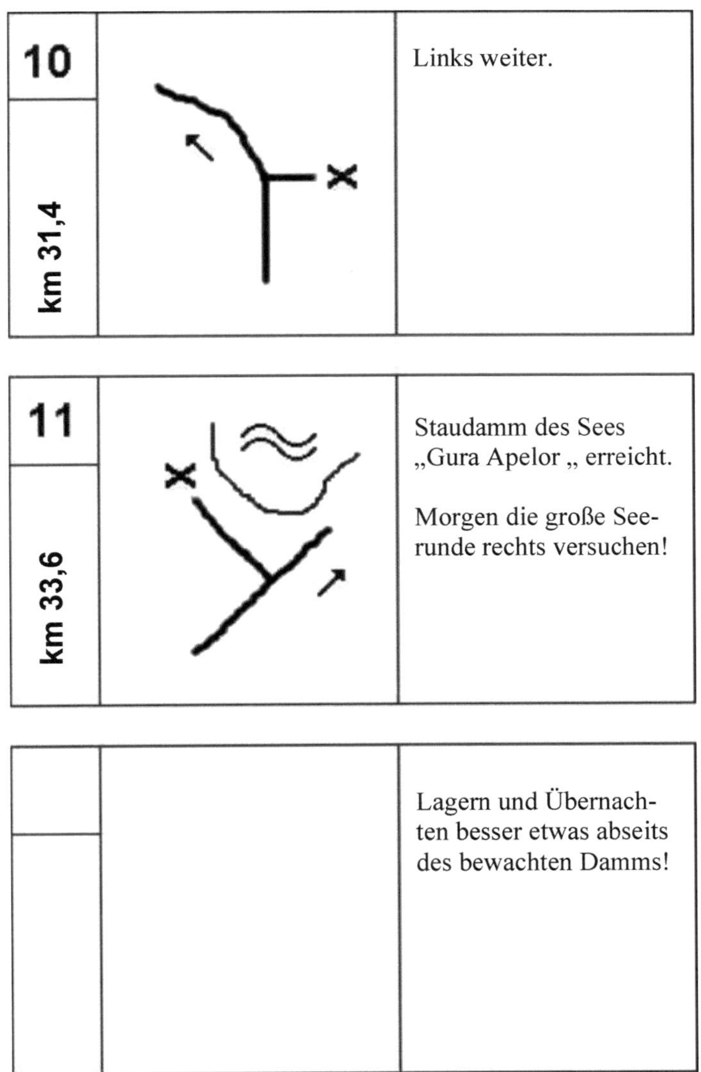

10 km 31,4		Links weiter.
11 km 33,6		Staudamm des Sees „Gura Apelor „ erreicht. Morgen die große See-runde rechts versuchen!
		Lagern und Übernach-ten besser etwas abseits des bewachten Damms!

Skizzen und Notizen

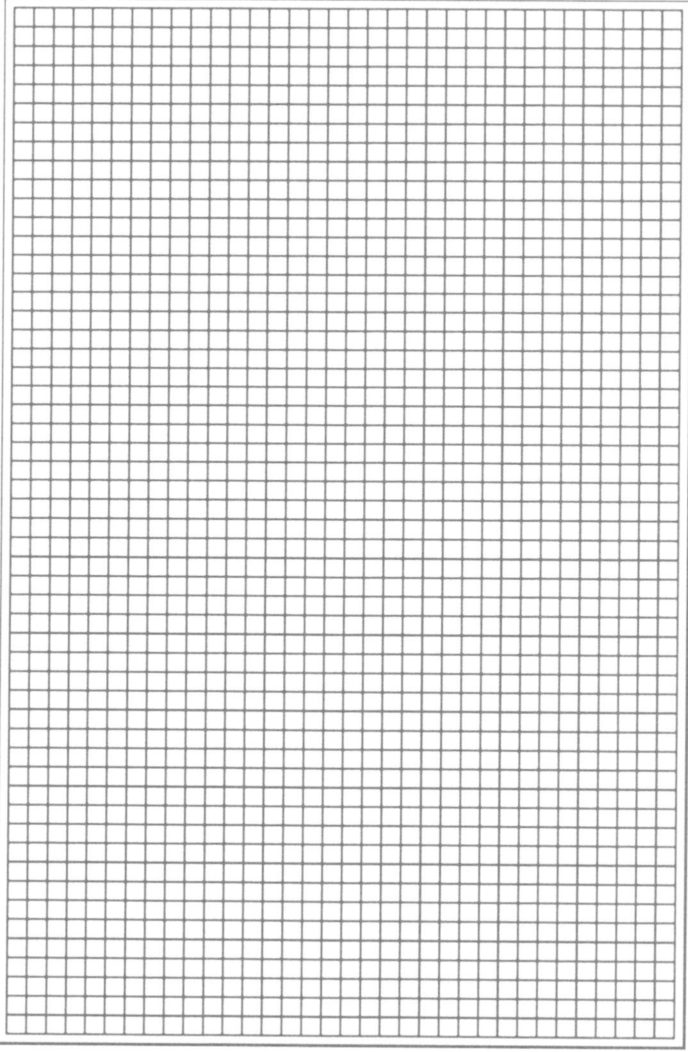

Lac Gura Apelor – Gura Bucurei

Foto: Mure auf der Südroute.

Sie begann so viel versprechend, die lange Südumfahrung des *Lac Gura Apelor*. Eine Piste nach unserem Geschmack, originelle Schäferbehausungen am Weg und dann bei Kilometer 5,8 eine Mure, die den Weg mit in die Tiefe gerissen hat und eine Weiterfahrt unmöglich machte. Ein Räum- und Bautrupp war jedoch schon unterwegs, sodass künftige Befahrungen sicher möglich sind.

Die kürzere Alternativstrecke über den Damm führt zwar schneller zum *Gura Bucurei*, ist aber nicht halb so schön. Der Wendepunkt, das Fahrziel gibt nicht besonders viel her und kann erst nach einer Wanderung zu den Gletscherseen glänzen.

Fotos: Ein Schäfer und sein Haus.

Wir drücken den Tageszähler auf dem Damm auf null und erreichen bei Kilometer 6,3 die Mautstelle für diese Straße. Die Kosten sind Abhängig von der geplanten Verweildauer im Park. Ein Fahrzeug ohne Übernachtung 60.000 Lei 1,50 €.

Zum *Lac Bucura* geht man zwei Stunden aber es empfiehlt sich nicht, ein beladenes Fahrzeug ohne Aufsicht am *Gura Bucurei* (1600 m) stehen zu lassen.

Zum *Campare Poina Pelegii*, auf der anderen Seite der kleinen Schlucht, sind es nur fünf Minuten. Der Campplatz liegt aber schon außer Sichtweite zu den Fahrzeugen.

Es gibt auf der Strecke viele schöne Rastplätze im Wald, der Beste vielleicht bei Kilometer 11,6 ganz am Bach *Lapusnicul Mare*.

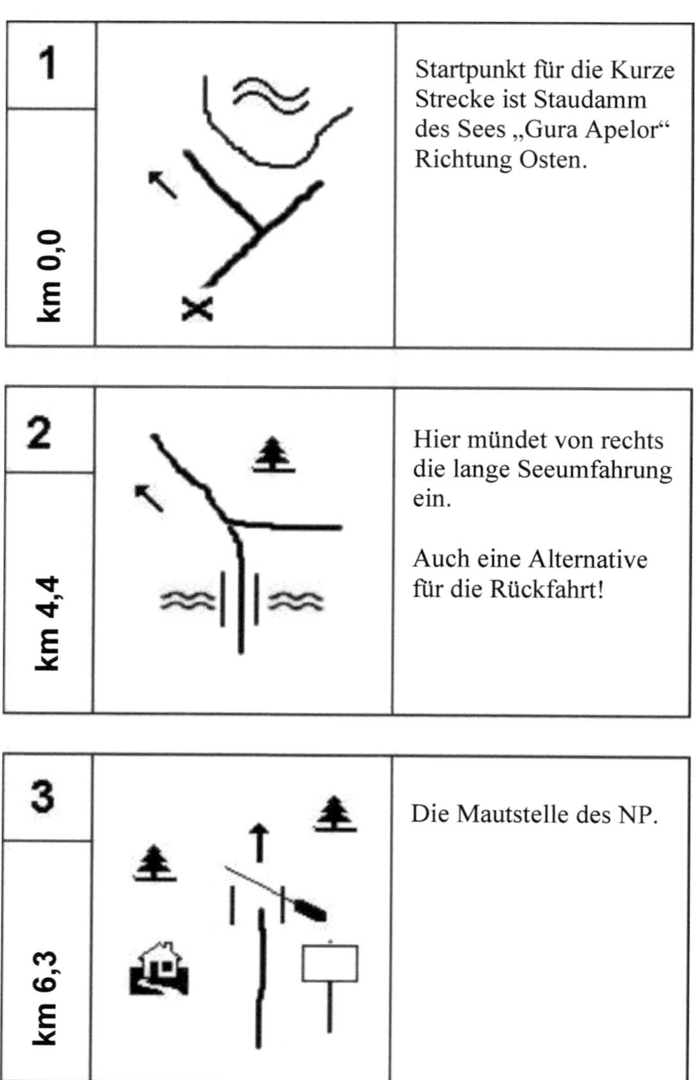

1 km 0,0		Startpunkt für die Kurze Strecke ist Staudamm des Sees „Gura Apelor" Richtung Osten.
2 km 4,4		Hier mündet von rechts die lange Seeumfahrung ein. Auch eine Alternative für die Rückfahrt!
3 km 6,3		Die Mautstelle des NP.

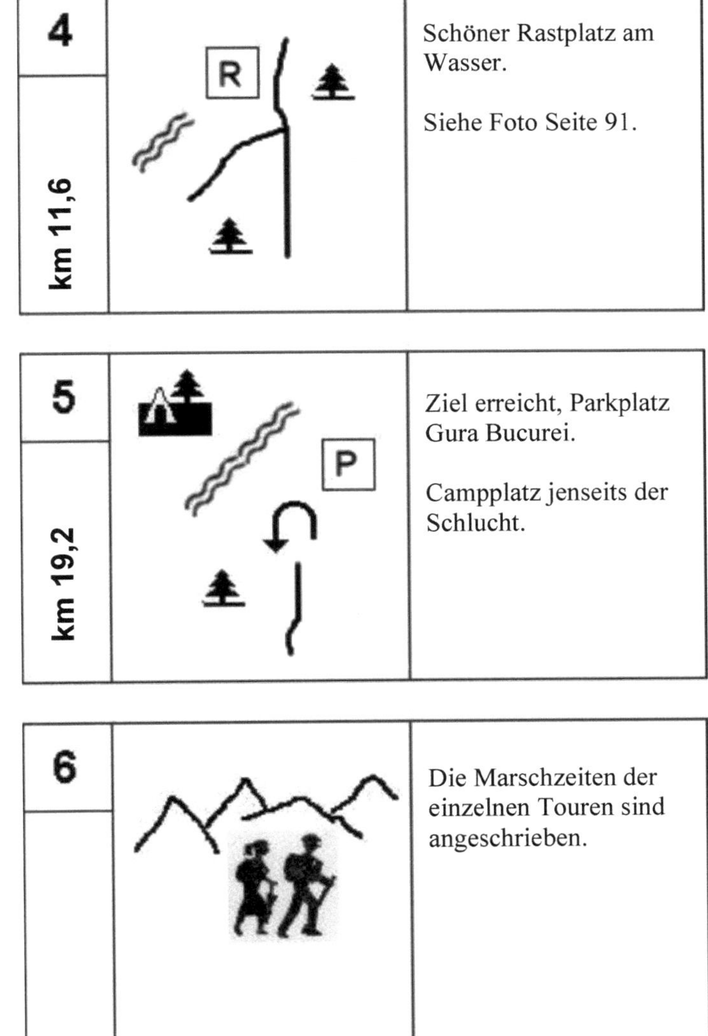

4 km 11,6		Schöner Rastplatz am Wasser. Siehe Foto Seite 91.
5 km 19,2		Ziel erreicht, Parkplatz Gura Bucurei. Campplatz jenseits der Schlucht.
6		Die Marschzeiten der einzelnen Touren sind angeschrieben.

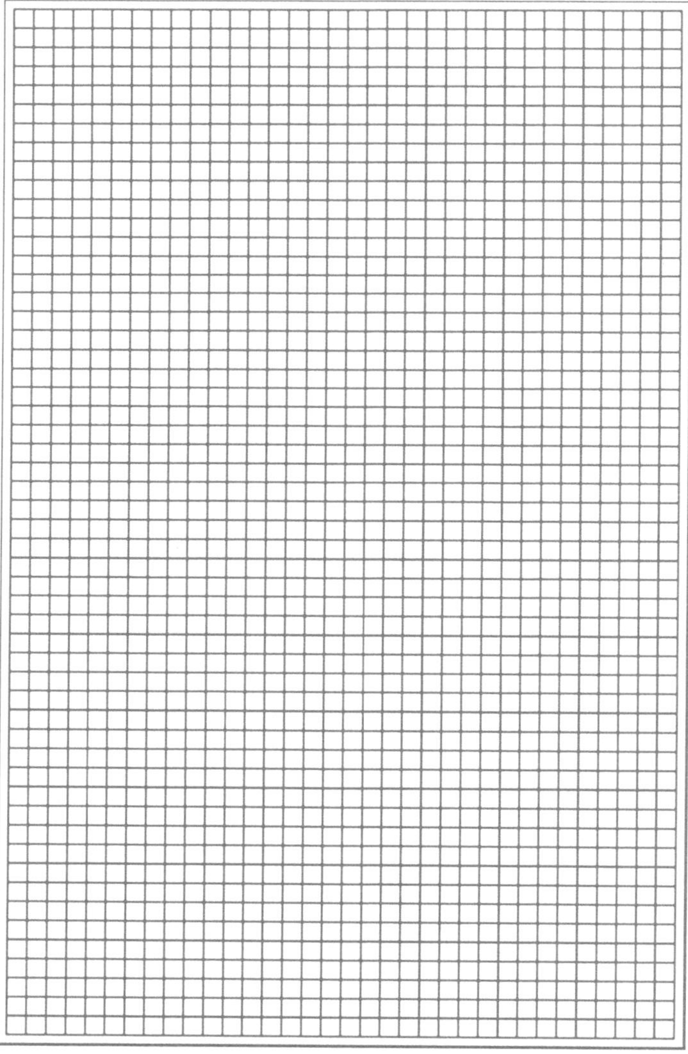

Caransebes – Muntele Mic

Zum Abschluss noch einmal 38 Kilometer und 1802 Höhenmeter zum Austoben.

Es ist nicht ganz einfach in *Caransebes* (Karansebesch) die Straße aus der Stadt zu finden, aber den *Muntele Mic* kennt dort jedes Kind und zeigt die Richtung. Nach sechs Kilometern kommen wir durch den Ort *Zervesti* und nach jeweils weiteren drei Kilometern durch *Turnu Ruieni* und *Borlova*.

Nach 26 Kilometern haben wir endlich die letzten Reste der Betonpiste hinter uns und sind im Element.

Ein Roadbook für diese Strecke zu erstellen ist fast nicht möglich weil es so viele Varianten gibt. An vielen Stellen werden die weit ausholenden Schotterserpentinen durch direkte Steilverbindungen abgekürzt. Wenn man eine solche sieht, Untersetzung rein und rauf. Es geht schon!

In der Senke, bei Kilometer 30 etwa, geht nach rechts eine Piste Richtung *Tarcu* Gipfel hoch. Ich bin sie nicht gefahren, aber Holzfäller haben mir den Tipp gegeben.

Auf dem Sattel angekommen, kann der Gipfel in breiter Front genommen werden und die Spuren in der Graspiste zeigen, dass sich da schon einige versucht haben. Etwas unterhalb des Gipfels, das monumentale Kreuz ist ebenfalls anfahrbar.

Wer nach dem Gipfelsturm eine alternative Rückfahrt sucht, kann vom Sattel weiter zu den Seen *Scorilo* und *Poiana Marului* abfahren. Der Weg mündet bei *Zavoi* 24 Kilometer östlich von *Caransebes* in die Strasse (68).

So, nun viel Spaß bei der Reiseplanung und noch mehr bei der Befahrung. Bis demnächst in den Karpaten.

Stefan Meuwly

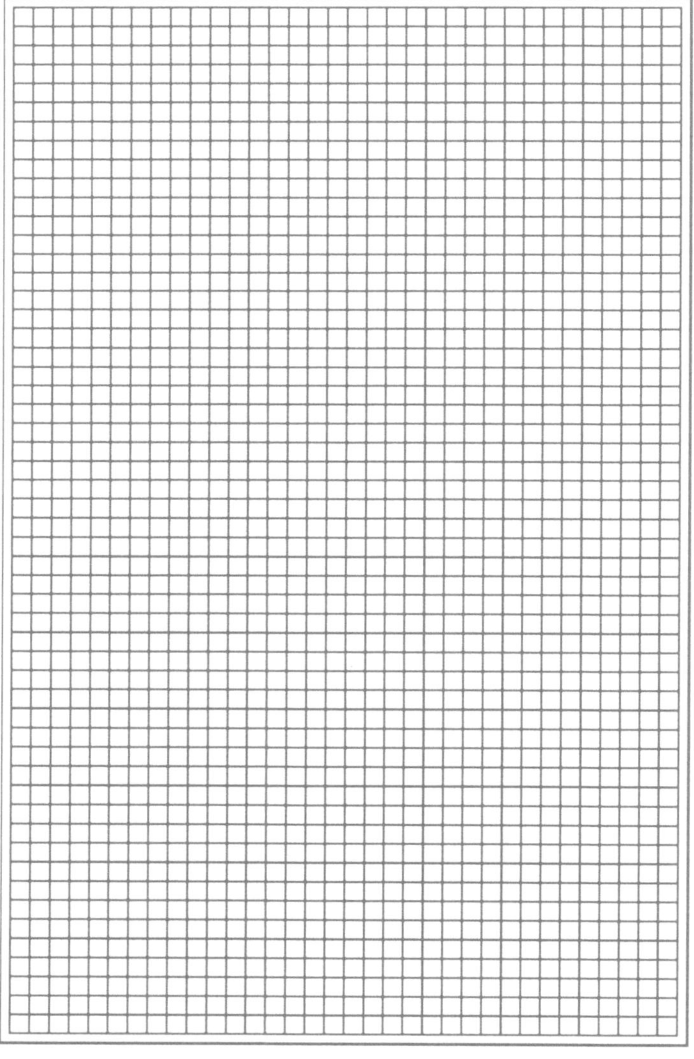

Aussprache

ă	„e" wie in „Vat**e**r"
â	„ü" im Wort „K**ü**rze"
e	am Wortanfang mit vorklingendem „j"
ei	getrennt aussprechen wie in „b**ei**rren"
eu	getrennt aussprechen wie in „b**eu**nruhigen"
i	am Wortende wie ein sanftes „j"
ie	getrennt aussprechen wie in „je"
î	„ü" im Wort „K**ü**rze"
ca/co/cu	vor **a, o, u** wird das **c** wie „k" in „**K**atze" ausgesprochen
ce/ci	vor **e, i** wird das **c** wie „tsch" in „deu**tsch**" ausgesprochen
ch	wie „k" in „**Ch**aos"
ga/go/gu	vor **a, o, u** wird das **g** wie in „**G**olf" ausgesprochen
ge/gi	vor **e, i** wird das **g** wie stimmhaftes „dsch" in „**Dsch**ungel" ausgesprochen
gh	„g" mit leicht nachklingendem „j"
j	stimmhaftes „sch" wie g in „Garage"
s	stimmloses scharfes **s** wie in „na**ss**"
ş	„sch" wie in „**sch**ön"
ţ	„z" wie in „**Z**ahl"
v	„w" wie in „**w**arm"
z	stimmhaftes „s" wie in „sagen"

In den Tourenbeschreibungen wurde bei den rumänischen Bezeichnungen und Ortsnamen auf die Verwendung der Sonderzeichen verzichtet. Entnehmen Sie zur Aussprache die genaue Schreibweise bitte Ihrem Kartenmaterial.

Sir Vival Nehberg Liste

da	ja
nu	nein
Vă rog!	Bitte!
Mulțumesc!	Danke!
Bună ziua!	Guten Tag!
La revedere!	Auf wieder sehen!
Salut!	Hallo!
Sunt de acord.	Ich bin einverstanden.
Nu ştiu.	Ich weiß es nicht.
Pofta bună!	Guten Appetit!
Noroc!	Zum Wohl!
Scuzaţi …	Entschuldigen Sie …
bun	gut
prost	dumm
Vreau.	Ich möchte.
Nu vreau.	Ich möchte nicht.

Există … ?	Gibt es … ?
Aveţi … ?	Haben Sie … ?
Caut …	Ich suche …
Am nevoie de …	Ich brauche …
Daţi-mi vă rog …	Geben Sie mir bitte …
Cât costă … ?	Wie viel kostet … ?
Unde este … ?	Wo ist … ?
Aş vrea să plec la …	Ich möchte nach …
Duceţi-ma la …	Bringen Sie mich zu …
Cât durează?	Wie lange dauert das?
Ajută-ma!	Hilf mir!
Cum vă cheamă?	Wie heißen Sie?
Unde este … ?	Wo ist … ?

cine?	wer?
ce?	was?
de ce?	warum?
unde?	wo?
de unde?	woher?
încotro?	wohin?
cum?	wie?
cand?	wann?
cat?	wie viel?

dreaptă	rechts
stângă	links
drept înainte	geradeaus
vizavi	gegenüber
intersecţie	Kreuzung
in centru	im Zentrum
aici	hier
înapoi	zurück
acolo	dort
mereu mai departe	immer weiter
ieri	gestern
azi	heute
mâine	morgen
dimineaţa	vormittags
la prânz	mittags
după masă	nachmittags
seara	abends
noatea	nachts
zilnic	täglich
acum	jetzt

Zahlentabelle

0	zero	5	cinci
1	unu, un, o	6	şase
2	doi, două	7	şapte
3	trei	8	opt
4	patru	9	nouă

10	zece	15	cincisprezece
11	unsprezece	16	şaisprezece
12	doisprezece	17	saptesprezece
13	treisprezece	18	optsprezece
14	paisprezece	19	nouăsprezece

20	douăzeci	70	şaptezeci
30	treizeci	80	optzeci
40	patruzeci	90	nouăzeci
50	cincizeci	100	o sută
60	şaizeci	200	două sute

1.000	o mie
2.000	două mii
10.000	zece mii
20.000	douazeci de mii
100.000	o suta de mii
200.000	doua sute de mii
1.000.000	un milion
2.000.000	două milioane
10.000.000	zece milioane
20.000.000	douăzeci de milioane

Beim Einkauf ohne Registrierkasse und sonstigen Preis-
verhandlungen ist es am Einfachsten immer Block und
Bleistift parat zu haben.

Ausrüstung

Grundsätzlich sind die hier vorgeschlagenen Touren mit jedem serienmäßigen 4x4 Fahrzeug und zuschaltbarer Untersetzung spielend zu befahren. Die Untersetzung wird eher selten benötigt, aber Bodenfreiheit ist oft gefordert. Unverzichtbar ist für mich der Lenkradknopf.

Wer Seilwinden am Fahrzeug hat, toll, ich habe nur einen Hebelzug dabei, der eben auch unabhängig vom Fahrzeugstandort eingesetzt werden kann, um Bäume und Felsen aus dem Weg zu ziehen.

Was ich mit Abstand am meisten benötige ist eine Handsäge für dickeres Holz, denn in einsamen Gebieten liegen immer mal Bäume quer und da reicht der "Leatherman" nicht mehr aus. Um zugewachsene Abschnitte freizulegen oder Äste zu kappen verwende ich eine große Hebelschere aus dem Gartencenter. Das geht um vieles schneller und

müheloser als mit einer Machete auf das federnde Jung-
holz einzuschlagen und gar zugespitzte Stummel zu er-
zeugen.

Nach einer Häufung von Reifenpannen möchte ich zur
Mitnahme von Reserveschläuchen raten. Bei mir sind es
immer die Flanken die vom scharfen Schotter zerschnitten
werden, offensichtlich ist da einfach zu wenig Gummi
drauf.

Einen guten Schlafsack habe ich stets im Auto liegen,
auch wenn ich nicht vorhabe irgendwo zu übernachten.
Was nützt das beste Fahrzeug, wenn man wegen Anderen
im Schneechaos nicht mehr von der Autobahn runter
kommt und auf eine Decke vom Roten Kreuz warten
muss.

Bei Touren ins Gebirge oder einsamere Gegenden ist an Trinkwasser und eine Notration (z.B. Offroad Trockenfutter) zu denken, auch wenn man am Abend zurück sein will. Ein Gewitter, ein umgefallener Baum oder Murenabgang auf der Rückfahrstrecke und alles kommt anders.

Ein handliches GPS-Gerät ist natürlich auch zu empfehlen. Besonders dann, wenn Sie Off-Roadbook-Touren in einem Land nachfahren wollen, in dem Ortsschilder und Wegweiser noch die Ausnahme sind. Bei Reisen mit mehreren Fahrzeugen sind Funkgeräte praktisch und billiger als Handy Roaming.

Bestens bewährt hat sich auf der Karpatenreise der neue Kleincaravan T@B. Er bot Gemütlichkeit bei jedem Wetter und ließ sich problemlos auf Bauernhöfen bewacht zurücklassen. In Kombination mit einem 4x4 Fahrzeug ist er höchstens vom Wohnmobil mit Enduro(s) zu schlagen.

Offroad-Trockenfutter-Rezept

Je eine Packung Rosinen, ganze Haselnüsse, ganze Mandeln, kernige Haferflocken und 200 Gramm Zartbitter-Couverture. Mit einem scharfen Messer dünne Scheiben von den Couverture splittern, die Nüsse gegen Aromaverlust und Austrocknung ganz lassen, alles mischen, in ein luftdichtes Gefäß füllen und gleich einen kleinen Löffel mit dazu stecken.

Das Offroad-Trockenfutter schmeckt nicht nur im Notfall, sondern auch im Büro. Es hält sich sehr lange und braucht nicht gekühlt werden, trotzdem sollte man es gelegentlich wegessen und Frisches mischen. Beim Frühstück zu Haus mit Milch und Apfelschnitzen wird ganz einfach Müsli daraus.

Fahrtechnik

Dieser Abschnitt richtet sich an jene Fahrer, die ihren Vierrad getriebenen Untersatz selten oder nie in steilem Gelände auf Schotterpisten bewegt haben. Vielleicht brauchen Sie ihn ja hauptsächlich um Ihren Wohnwagen zu ziehen, egal, jetzt wollen Sie wissen was er sonst noch kann.

Soviel vorweg: Was seine Leistung in Steigung, Gefälle und Hanglage betrifft, wird wahrscheinlich eher Sie der Mut verlassen, bevor er seine vier Räder streckt. Dennoch, eine abgelegene Bergpassage und ein voll gepacktes Urlaubsfahrzeug sind nicht geeignet, sich an diese Grenzen heranzutasten!

Ich empfehle Ihnen mit Ihrem eigenen Fahrzeug an einem ADAC Offroad-Intensivtraining teilzunehmen. Auf der eintägigen Veranstaltung erfahren Sie am Vormittag einiges über die Bereifung, dem einzigen Bindeglied zwischen Fahrzeug und Untergrund. Dann können Sie auf nassen Spezialbelägen vollbremsen, schleudern und Heckausbrüche abfangen, Erfahrungen, die Sie sonst hoffentlich nicht machen müssen. Auf einer engen Kreisstrecke lernen Sie wann und vor allem wie Ihr Offroader ausbricht. Über den Bug oder mit dem Heck zuerst, dass sollten Sie für den Ernstfall auch wissen.

Am Nachmittag geht es dann auf den Geländeparcour und wären da nicht schon ein paar Reifenspuren an den Hängen, Sie würden die Steigungen und Neigungen für unfahrbar halten. Eine Stunde später fahren Sie diese Passagen selbst souverän und sind gerüstet für die nächste Offroad-Tour.

Ihren vorgesehenen Urlaubs-Co-Pilot sollten Sie auch mit zum Training nehmen, das spart vor Ort Diskussionen über die Befahrbarkeit und qualifiziert ihn außerdem zum sachkundigen Einweiser.

Der Ernstfall: Eine extreme Steilabfahrt und plötzlich eine ausgespülte Querrinne, die tiefer scheint als die Ölwanne höher liegt. Sofort Vollbremsung, keine Stotterbremse und nicht auskuppeln. Wenn Wagen und damit auch der Motor steht, die Handbremse ziehen, fertig. Die Rinne mit Steinen füllen oder das Hindernis entfernen. Handbremse lösen, nicht kuppeln oder bremsen, sondern mit eingelegtem Gang den Motor starten und ohne abrutschen weiterfahren.

Die Physik: Bedingt durch die geringe Bodenhaftung auf losem Untergrund bremst der Reifen nicht durch die übliche Reibung, sondern mit einem Schotterkeil, der sich vor den blockierten Rädern bildet. Mit jedem lösen der Bremse rollen Sie sofort über diesen Keil und müssen ihn erneut aufbauen, das kostet entscheidende Meter.

Um Offroad-Fahrtechnik noch weiter zu vertiefen bieten auch andere Clubs und Unternehmen Kurse, geführte Touren und Einweisung in Bergetechniken an. Informationen dazu finden sich in den Fachzeitschriften und im Internet.

Für Ihre Touren abseits von Asphalt und Teer wünsche ich Ihnen immer genug Luft in den Reifen und unter der Ölwanne.

Der Autor

Eine neue Serie Offroad-Reiseführer von Stefan Meuwly, wer ist das und hat er auch Kompetenz auf diesem Gebiet? - Er hat!

1968, mit dem Kauf eines DKW Munga aus Beständen des Bundesgrenzschutzes, begann seine Leidenschaft für 4x4 konkrete Profilspuren zu hinterlassen. Das war in jener Zeit als man zu "four wheel drive" und "offroad" noch altdeutsch "Geländewagen" mit "Allradantrieb" sagte und solchen Exoten in privater Hand verwundert nachblickte.

Im Lauf der Jahre wurden dann noch Landrover, Toyota Hilux mit absetzbarer Wohnkabine, Enduros, Jeep Wrangler und Suzuki Samurai auf Reisen abseits von Asphalt durch Europa bewegt.

Für Stefan Meuwly war aber weniger der Weg das Ziel, sondern es war eher der Zweck, der die Mittel heiligte, nämlich seine Fluggeräte und Wildwasserfahrzeuge möglichst nah an den Einsatzort zu bringen.

1984 war der Rafting-Pionier aus dem Chiemgau neben Expeditionsexperten wie Volker Lapp und Klaus Därr mit unter den Auserwählten des deutschen Camel-Trophy-Kontingents.

(Jagd)Bogenschütze seit 1980.

Nach seiner redaktionellen Mitarbeit im Drachenflieger-Magazin und veröffentlichten Reiseberichten im Magazin Tours war der Schritt zur Herausgabe dieser Bücher dann nur mehr ein logischer Weg.

eBuch-Verlag
Postfach 1365
83293 Traunreut

lektorat@ebuch-verlag.de

Informieren Sie sich bitte über weitere Neuerscheinungen
aus unserem Verlag im Internet

www.ebuch-verlag.de
www.amazon.de

oder bei Ihrem Buchhändler.